AF274728

Desarrollo del proyecto de la red telemática

Roberto Pérez Huguet

ic editorial

Desarrollo del proyecto de la red telemática
© Roberto Pérez Huguet

1ª Edición

© IC Editorial, 2025

Editado por: IC Editorial
c/ Cueva de Viera, 2, Local 3
Centro Negocios CADI
29200 Antequera (Málaga)
Teléfono: 952 70 60 04
Fax: 952 84 55 03
Correo electrónico: iceditorial@iceditorial.com
Internet: www.iceditorial.com

IC Editorial ha puesto el máximo empeño en ofrecer una
información completa y precisa. Sin embargo, no asume
ninguna responsabilidad derivada de su uso, ni tampoco la
violación de patentes ni otros derechos de terceras partes
que pudieran ocurrir. Mediante esta publicación se pretende
proporcionar unos conocimientos precisos y acreditados
sobre el tema tratado. Su venta no supone para
IC Editorial ninguna forma de asistencia legal, administrativa
ni de ningún otro tipo.

Reservados todos los derechos de publicación en cualquier
idioma.

Cualquier forma de reproducción, distribución, comunicación
pública o transformación de esta obra solo puede ser realizada
con la autorización de sus titulares, salvo excepción prevista
por la ley. Diríjase a CEDRO (Centro Español de Derechos
Reprográficos) si necesita fotocopiar o escanear algún
fragmento de esta obra (www.cedro.org).

Según el Código Penal, el contenido está protegido por la ley
vigente que establece penas de prisión y/o multas a quienes
intencionadamente reprodujeren o plagiaren, en todo o en parte,
una obra literaria, artística o científica.

ISBN: 978-84-1184-729-2
Depósito Legal: MA 580-2025

Impresión: PODiPrint
Impreso en Andalucía – España

Nota de la editorial: IC Editorial pertenece a Innovación y Cualificación S. L.

Presentación del manual

El **Certificado de Profesionalidad** es el instrumento de acreditación, en el ámbito de la Administración laboral, de las cualificaciones profesionales del Catálogo Nacional de Cualificaciones Profesionales adquiridas a través de procesos formativos o del proceso de reconocimiento de la experiencia laboral y de vías no formales de formación.

El elemento mínimo acreditable es la **Unidad de Competencia.** La suma de las acreditaciones de las unidades de competencia conforma la acreditación de la competencia general.

Una **Unidad de Competencia** se define como una agrupación de tareas productivas específica que realiza el profesional. Las diferentes unidades de competencia de un certificado de profesionalidad conforman la **Competencia General,** definiendo el conjunto de conocimientos y capacidades que permiten el ejercicio de una actividad profesional determinada.

Cada **Unidad de Competencia** lleva asociado un **Módulo Formativo,** donde se describe la formación necesaria para adquirir esa **Unidad de Competencia,** pudiendo dividirse en **Unidades Formativas.**

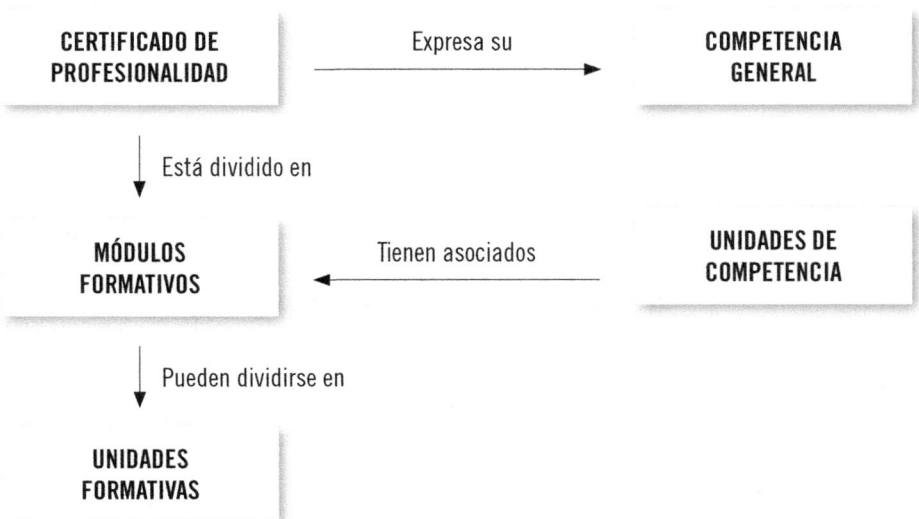

El presente manual desarrolla la Unidad Formativa **UF1870: Desarrollo del proyecto de la red telemática,**

perteneciente al Módulo Formativo **MF0228_3: Diseño de redes telemáticas,**

asociado a la unidad de competencia **UC0228_3: Diseñar la infraestructura de red telemática,**

del Certificado de Profesionalidad **Administración y diseño de redes departamentales.**

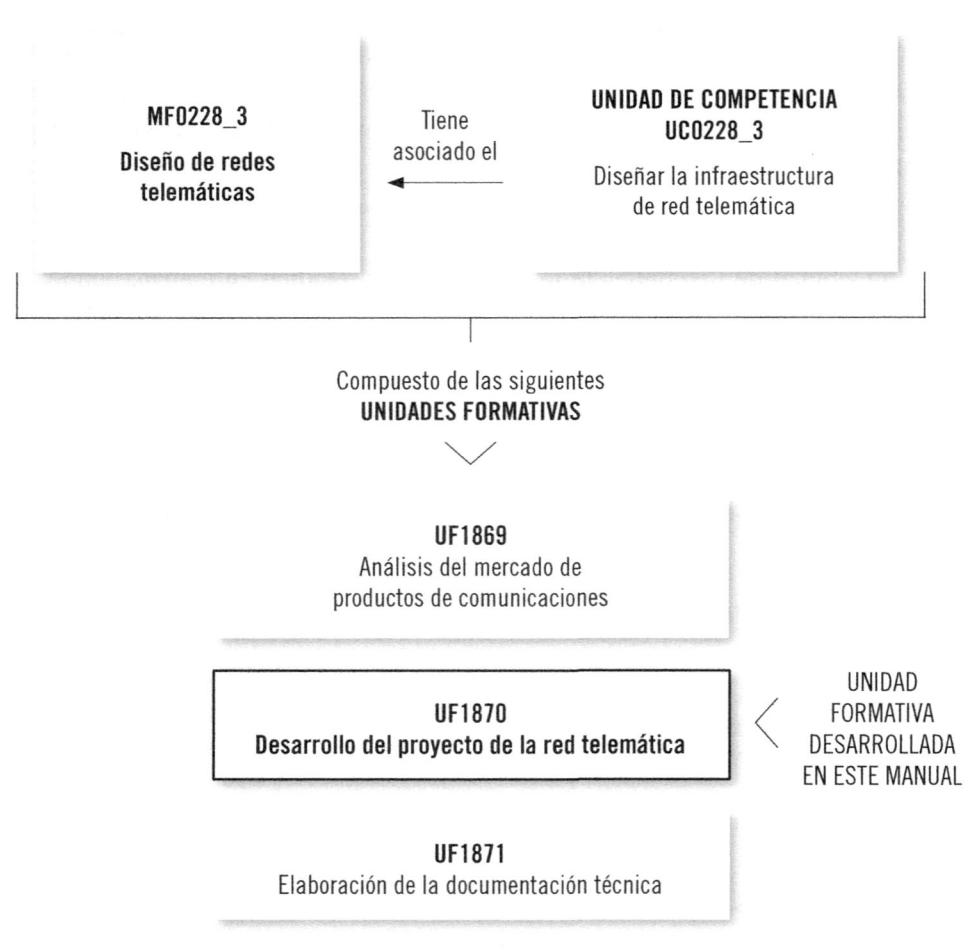

FICHA DE CERTIFICADO DE PROFESIONALIDAD

(IFCT0410) ADMINISTRACIÓN Y DISEÑO DE REDES DEPARTAMENTALES (R. D. 1531/2011, de 31 de octubre modificado por el R. D. 628/2013, de 2 de agosto)

COMPETENCIA GENERAL: Diseñar la arquitectura de comunicaciones de un entorno de complejidad media o baja, supervisar su implantación siguiendo el proyecto y administrar el sistema resultante, proporcionando la asistencia técnica necesaria.

Cualificación profesional de referencia		Unidades de competencia	Ocupaciones o puestos de trabajo relacionados:
IFC081_3 ADMINISTRACIÓN Y DISEÑO DE REDES DEPARTAMENTALES (R. D. 295/2004, de 20 de febrero)	UC0228_3	Diseñar la infraestructura de red telemática	• 2723.1014 Diseñador de red • 2721.1018 Administrador de sistemas de redes • Administrador de sistemas telemáticos • Administrador de redes y comunicaciones • Técnico de redes locales y telemática • Supervisor de instalación de redes • Técnico en diseño de redes telemáticas
	UC0229_3	Coordinar la implantación de la infraestructura de red telemática	
	UC0230_3	Administrar la infraestructura de red telemática	

Correspondencia con el Catálogo Modular de Formación Profesional

Módulos certificado	Unidades formativas	Horas
MF0228_3: Diseño de redes telemáticas	UF1869: Análisis del mercado de productos de comunicaciones	90
	UF1870: Desarrollo del proyecto de la red telemática	80
	UF1871: Elaboración de la documentación técnica	30
MF0229_3: Gestión de la implantación de redes telemáticas	UF1877: Planificación de proyectos de implantación de infraestructuras de redes telemáticas	50
	UF1878: Ejecución de proyectos de implantación de infraestructuras de redes telemáticas	70
	UF1879: Equipos de interconexión y servicios de red	70
MF0230_3: Administración de redes telemáticas	UF1880: Gestión de redes telemáticas	90
	UF1881: Resolución de incidencias en redes telemáticas	50
MP0396: Módulo de prácticas profesionales no laborales		80

Índice

Capítulo 1
Redes de comunicaciones

1. Introducción   7
2. Clasificación de redes   7
3. Redes de conmutación   11
4. Redes de difusión   20
5. Redes en estrella   22
6. Otras topologías de red   23
7. Resumen   25
   Ejercicios de repaso y autoevaluación   27

Capítulo 2
Redes de área local (LAN)

 1. Introducción   33
 2. Definición y características de una red de área local   33
 3. Topologías   34
 4. Arquitectura de protocolos LAN   38
 5. Normas IEEE 802 para LAN   43
 6. Redes de área local en estrella. *Hubs* conmutados   45
 7. Interconexión LAN-LAN   45
 8. Interconexión LAN-WAN   46
 9. Cuestiones de diseño   48
10. Resumen   78
   Ejercicios de repaso y autoevaluación   81

Capítulo 3
Sistemas de cableado estructurado

1. Introducción   87
2. Generalidades   87
3. Descripción de un sistema de cableado estructurado   97
4. Categorías y clases   104
5. Recomendaciones generales sobre los subsistemas   114
6. Compatibilidad electromagnética   128
7. Resumen   129
   Ejercicios de repaso y autoevaluación   133

Capítulo 4
El proyecto telemático

1. Introducción   139
2. Definición y objetivos   139
3. Estructura general de un proyecto telemático   142
4. Técnicas de entrevista y de recogida de información   143
5. El estudio de viabilidad técnico-económica   144
6. El informe de diagnóstico. Fases   146
7. Desarrollo del proyecto telemático   198
8. Resumen   213
   Ejercicios de repaso y autoevaluación   215

Capítulo 5
Herramientas *software*

1. Introducción   221
2. Herramientas para la simulación de redes   221
3. Herramientas de planificación de proyectos   226
4. Resumen   232
   Ejercicios de repaso y autoevaluación   233

Bibliografía   237

Capítulo 1

Redes de comunicaciones

Contenido

1. Introducción
2. Clasificación de redes
3. Redes de conmutación
4. Redes de difusión
5. Redes en estrella
6. Otras topologías de red
7. Resumen

1. Introducción

Las redes de comunicación han evolucionado con el paso del tiempo hasta llegar al momento actual, en el que se han vuelto imprescindibles en las pequeñas y medianas empresas para el almacenamiento y la distribución de la información.

Se ha pasado de una comunicación exclusivamente telefónica, a través del par de cobre, hasta una comunicación en la que se transmite información a grandes distancias. Para que tanto el emisor como el receptor puedan trabajar con esa información se deben tener en cuenta los protocolos, los medios de transmisión y el canal por el que se lleva a cabo.

A lo largo del presente capítulo se realizará un recorrido por los distintos tipos de redes que se pueden encontrar, describiendo sus características y funcionalidades específicas para evaluar el modelo más apropiado a las condiciones de la instalación.

2. Clasificación de redes

Las redes de telecomunicaciones entre equipos informáticos se pueden clasificar de acuerdo con distintos aspectos como los requisitos, el entorno de trabajo, el alcance, etc.

Teniendo en cuenta el ámbito de utilización, podemos clasificar las redes en:

- **Redes de área local** o LAN *(Local Area Network):* conectan un grupo de ordenadores utilizando un único punto de acceso a internet y cuya área de actuación es reducida. Un ejemplo de este tipo de red es el que se puede encontrar en un despacho. El ámbito de actuación es como máximo de 1.000 m.
- **Redes de área metropolitana** o MAN *(Metropolitan Area Network):* conectan distintos equipos entre distintas ubicaciones dentro de la misma o distinta ciudad. Se caracterizan por tener altas velocidades de transmisión. Su ámbito máximo de actuación es de 10 km.

■ **Redes amplias** o WAN *(Wide Area Network):* permiten conectar distintos dispositivos en un ámbito mayor que el de las redes MAN. Permite el conexionado de equipos entre países o de forma global. Internet se puede clasificar como red WAN, puesto que se conectan equipos a nivel mundial. Su ámbito de actuación es superior a los 10 km.

 Definición

Red de telecomunicaciones
Conjunto de equipos interconectados entre sí utilizando distintos medios de transmisión.

 Actividades

1. Realice un cuadro comparativo con las características de cada una de las tipologías de red enunciadas anteriormente.

Además de la clasificación de las redes por su ámbito o extensión, también podemos clasificarlas por:

■ Según el tipo de conexión:

■ **Redes cableadas.** Los equipos se conectan mediante cableado específico. El cableado más usual es la fibra óptica, los pares trenzados y coaxial.

■ **Redes inalámbricas.** Los equipos se conectan mediante medios inalámbricos como las ondas o los infrarrojos.

■ Según la relación entre los equipos:

▮ Redes cliente-servidor. Existe un equipo principal (servidor) al que se conectan el resto de los equipos de la red (cliente). Todos los datos se almacenan en el equipo principal (servidor).

▮ Equipos *peer to peer*. En este modelo todos los equipos realizan las funciones de cliente y servidor a la vez. La información se reparte entre todos los equipos. Las páginas de intercambios de ficheros, como *eMule*, utilizan este modelo.

■ Según la direccionalidad de los datos:

▮ **Redes simples.** Son redes unidireccionales en las que un equipo emite la información y el resto la recibe. Se usan en la distribución de contenido, como puede ser la televisión por cable.

▮ **Redes *half-duplex*.** Son las redes bidireccionales. Los equipos emiten o reciben la información, pero no pueden hacerlo de forma simultánea.

▮ **Redes *full-duplex*.** Son redes bidireccionales. Los equipos pueden emitir y recibir información de forma simultánea.

■ Según la finalidad para la que se implantan:

▮ Redes de datos para el intercambio de datos entre equipos.

▮ Redes educativas para el intercambio de recursos y contenidos educativos.

▮ Redes comerciales para el intercambio de información comercial entre equipos de la misma empresa o con otra.

▮ Redes de investigación para el intercambio de información y recursos para investigar.

Sabía que...

La primera red de datos fue ARPANET, que se creó por encargo del Departamento de Defensa de los Estados Unidos para comunicar las instituciones académicas y gubernamentales.

Aplicación práctica

Según la imagen siguiente, en la que se muestra una red, clasifique esta red según su ámbito, el tipo de conexión, la relación entre los dispositivos, la direccionalidad de los datos y la función que desempeña.

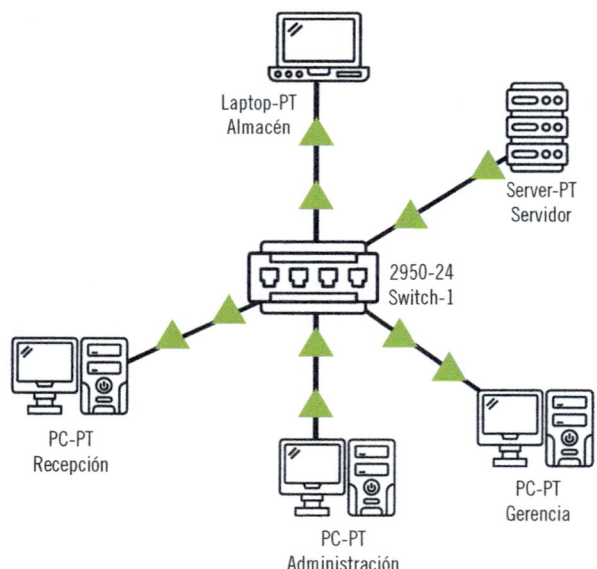

Continúa en página siguiente >>

<< Viene de página anterior

SOLUCIÓN

Al analizar la red se puede establecer que:

Se trata de una red de área local (LAN), puesto que no hay un elevado número de equipos. El esquema podría pertenecer tanto a una oficina como a una vivienda.

Es una red cableada, puesto que los equipos están interconectados con cables de pares trenzados.

La inclusión en los elementos que integran la red de un servidor indica que es una arquitectura cliente-servidor.

Al ser una red doméstica o de una pequeña oficina en la que todos los equipos intercambian información, se puede suponer que es una red de transmisión bidireccional o *full-duplex*.

La finalidad de esta red, según la información aportada por la imagen, es el intercambio de datos, lo que presupone que se está ante una red de datos.

---

3. Redes de conmutación

La **conmutación** es una técnica que conecta dos equipos utilizando una infraestructura de telecomunicación por la que se transmiten los datos. De esta manera se utiliza la misma infraestructura independientemente de que el equipo emita o reciba los datos, lo que evita la creación de redes específicas que conectan cada equipo con el resto.

La conmutación permite que la misma infraestructura, cuando no se esté utilizando, pueda ser utilizada por cualquier equipo que necesite ese recurso.

Fíjese en la imagen siguiente, en la que se representa la interconexión de cinco equipos sin utilizar la conmutación. Puede comprobar que son necesarios 20 enlaces (uno por la conexión de cada equipo con el resto); en cambio, si se utiliza la conmutación, el número de enlaces necesarios se reduce.

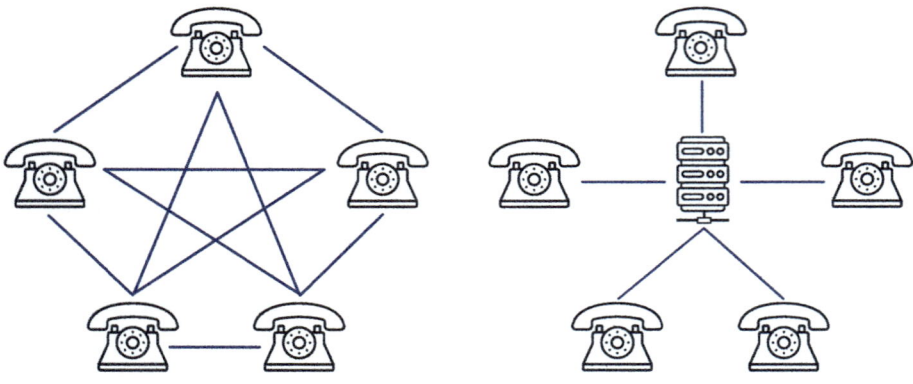

Conexión de equipos sin y con conmutación

La conmutación se sitúa en la capa 2 del modelo OSI *(Open System Inter-connection)*. Permite el envío de información y la asignación de direcciones.

Dentro de las redes de comunicación se pueden establecer dos modelos distintos: la conmutación de circuitos y la conmutación de paquetes (ambas se verán a continuación).

3.1. Conmutación de circuitos. Características

La conmutación de circuitos se refiere a la creación de un circuito físico que conecta los equipos que deben comunicarse.

En este circuito forman parte todos los equipos, nodos y enlaces necesarios para que se produzca la comunicación.

En el momento que se va a iniciar una comunicación, el emisor debe comprobar que el destinatario está disponible, además de localizar la ruta para comunicarse con este.

Una vez finalizada la comunicación, se liberan las conexiones para que otros equipos puedan utilizarlas.

Esta técnica es la que se ha utilizado en la red telefónica, en la que mediante las centralitas se realizaba la comunicación entre abonados.

En la conmutación de circuitos, el proceso de comunicación se lleva a cabo en tres pasos:

- **Construcción del circuito** entre el emisor y el receptor. Para ello se conectará con los nodos intermedios. Estos, en caso de no conseguir alcanzar al destinatario, cancelarán la operación liberando los circuitos por si los necesitase otra comunicación.
- Una vez que los equipos se han comunicado, dará comienzo la **transferencia de los datos.**
- **Desconexión** de los recursos una vez finalizada la comunicación, liberándolos para que puedan ser utilizados por otras comunicaciones.

 Importante

En la conmutación de circuitos hay un problema de eficiencia, debido a que se asignan la totalidad de los recursos a esa comunicación, lo que provoca que, cuando no se transmite información por el canal de comunicación, este siga ocupado.

3.2. Conmutación de paquetes. Características

La conmutación de paquetes parte la información en paquetes de longitud fija y los envía desde el emisor al receptor, lo que permite la conexión de equipos a diferentes velocidades y utilizar distintas rutas para que la información llegue al equipo receptor, puesto que cada paquete incorpora las direcciones de origen y destino de este.

Este modelo de conmutación es más eficiente que la conmutación de circuitos, ya que cada nodo analiza la cabecera del paquete y decide si es para él o si, por el contrario, debe enviarlo a otro nodo que lo haga llegar al destino.

Un problema de este modelo de conmutación es el retardo sufrido por los paquetes, debido a que deben atravesar los nodos, la posible pérdida de ellos paquetes y la llegada desordenada de estos, puesto que pueden llegar por rutas diferentes, lo que obliga a implantar la detección y corrección de la integridad de los paquetes.

Sabía que...

Internet utiliza la conmutación de paquetes para transmitir la información.

La conmutación de paquetes establece que el tamaño máximo del paquete que transmitir no supere los 1.500 bytes, puesto que los mensajes de tamaños mayores provocan la utilización de una mayor cantidad de recursos y memoria de los dispositivos para procesarlos.

La conmutación de paquetes puede realizarse de dos maneras:

- **Conmutación de paquetes orientado a la conexión (con circuito virtual)**
  En este modelo de conmutación todos los paquetes que pertenecen al mismo mensaje transcurren por la misma ruta, debiendo establecerse un circuito virtual entre el equipo emisor y el receptor.
  En este modelo los paquetes, además de incluir las direcciones de origen y destino, incorporan la identificación de la conexión por la que deben transitar.
  Tiene la ventaja de que se evita el desorden de los paquetes, puesto que llegan en el mismo orden en el que se envían, aunque esto provoque un retardo debido al establecimiento del circuito de transmisión.

- **Conmutación de paquetes no orientado a la conexión (modo datagrama)**
  En este modelo de conmutación cada paquete puede ir por rutas diferentes, dependiendo de la red y de los enlaces. Los paquetes pueden llegar desordenados, de forma que los niveles superiores de la capa OSI deben comprobar que no se han producido pérdidas de paquetes,

no se han duplicado. En el caso de que se detecten estos fallos, deben corregirlos.

Como ventaja presenta que hay menos retardos que en el circuito orientado a la conexión. Este modelo es el utilizado cuando se navega por internet.

Actividades

2. Realice una comparativa entre las ventajas e inconvenientes de la conmutación orientada a la conexión (circuitos virtuales) y a la no conexión (datagramas).

Aplicación práctica

En la siguiente red, formada por un conjunto de nodos, se quiere enviar un mensaje del nodo A al nodo F. Para ello el mensaje se guarda en 2 paquetes y cada uno de ellos sigue la ruta marcada en la figura. El tiempo de retardo de conmutación es de 3 m. Averigüe el tipo de conmutación de la que se trata y el tiempo total de retardo que tarda cada paquete en llegar a su destino.

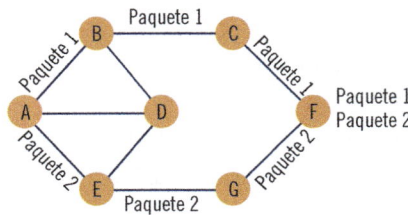

Continúa en página siguiente >>

<< Viene de página anterior

SOLUCIÓN

Según el enunciado el mensaje, se guarda en dos paquetes, por lo que se puede establecer que se trata de una conmutación de paquetes.

El siguiente paso es establecer si se trata de un modelo orientado a la conexión o no. De acuerdo con el esquema de la red, se puede definir que se trata de una conmutación no orientada a la conexión, puesto que los paquetes siguen rutas distintas para llegar al destino.

El retardo total de cada paquete corresponderá con la suma de todos los retardos por cada nodo que debe atravesar el paquete.

En el caso del paquete A, debe pasar por 2 nodos (B, C), por lo que el retardo el paquete será de 6 m (2 nodos x 3 m).

El paquete B debe atravesar 2 nodos, por lo que el retardo del paquete será de 6 m (2 nodos x 3 m).

3.3. ATM y Frame relay

ATM *(Asynchronous Transfer Mode)* consiste en una red de altas prestaciones utilizadas para la transmisión de servicios de telecomunicaciones críticos o que necesitan un gran ancho de banda. Se podría definir como una red hibrida que utiliza la conmutación de paquetes y la de circuitos.

ATM se basa en tres principios:

- Conmutación de paquetes de un tamaño fijo (celdas).
- Tecnología basada en circuitos virtuales.
- Altas velocidades de transmisión.

Entre las características que ofrece el uso del estándar ATM están:

- Facilita la conmutación de alta velocidad.
- Simplifica el *hardware* necesario tanto en los conmutadores como en el procesamiento de cada nodo.

- Reduce el tamaño y aumenta la efectividad y la rapidez de las memorias internas de los conmutadores.
- Disminuye el retraso de procesamiento.
- Unifica la duración de los retrasos, al tener todas las celdas el mismo tamaño.

Cada celda tiene un tamaño fijo de 53 bytes y se compone de dos secciones:

1. **Cabecera o *header*,** compuesta por 5 bytes, cuyas funciones son:

   - Identificación del canal.
   - Detección de errores.
   - Activación o desactivación de la célula.
   - Información de la corrección de errores.
   - Identificación de la secuencia.

2. ***Payload,*** integrado por los 48 bytes restantes, en los que se recogen los datos de los usuarios y los protocolos (AAL)

Componentes e interfaces de las redes ATM

Una red ATM está formada por los siguientes elementos:

- **Conmutadores ATM.** Son los responsables del tránsito de las celdas a través de la red ATM.
- **Puntos finales ATM.** Son los adaptadores para entrar o salir de la red ATM.

Los conmutadores ATM pueden trabajar con dos interfaces diferentes:

- **UNI** *(User to Network Interface).* Interfaz (pública o privada) que conecta la conmutación ATM con los equipos o interfaces finales del usuario.
- **NNI** *(Network to Network Interface).* Interfaz que conecta dos conmutadores ATM. Habitualmente suelen usarse en redes privadas de telecomunicaciones.

Además del tipo de interfaz con el que trabaja ATM, también se debe tener en cuenta el modelo de conexión del canal virtual (VCC) que debe seguir la celda desde el origen hasta su destino, pudiendo ser:

- **Caminos de transmisión (TP):** conexión física entre el (los) conmutador(es) y el sistema final.
- **Camino virtual (VPI):** conexión virtual o grupo de ellas entre dos conmutadores.
- **Circuito virtual (VC):** todas las celdas pertenecientes al mismo mensaje viajan por el mismo circuito virtual, manteniendo su orden de emisión y llegando al destino en ese mismo orden.

De acuerdo con los modelos de transmisión explicados anteriormente, se puede establecer que varios caminos de transmisión (TP) forman un camino virtual (VPI) y varios caminos virtuales forman el canal físico de transmisión.

Funcionamiento de una red ATM

ATM se basa en el establecimiento de un camino entre el emisor y el receptor, incluyendo los conmutadores o nodos intermedios necesarios.

Antes de comenzar el envío de celdas, ATM debe establecer el camino virtual (VC) desde el origen al destino. Cada camino virtual (VC) se compone de una secuencia de enlaces entre el origen y el destino, teniendo el VC en cada uno de los enlaces un identificador de circuito virtual (VCI).

En el equipo emisor la información se escribe byte a byte dentro del campo de información de la celda. Se le añade a continuación la cabecera, que incluye la identificación del circuito virtual VCI, el cual se utiliza para enrutar la celda al equipo receptor.

Como se ha indicado, el componente principal de una red ATM es el conmutador, que está diseñado para transmitir la información a altas velocidades.

El conmutador es el encargado de encaminar cada una de las celdas atendiendo al circuito virtual (VCI) que se establece en la cabecera de la celda. Cuando esta celda llega a un enrutador, este le cambia la información y la envía al siguiente enlace usando un nuevo circuito virtual.

En el extremo contrario al equipo transmisor se encuentra el equipo receptor que extrae la información (byte a byte) de las celdas. De acuerdo con esta información, envía la celda al destino indicado. Estos destinos pueden ser otros módulos, conmutadores o enrutadores ATM.

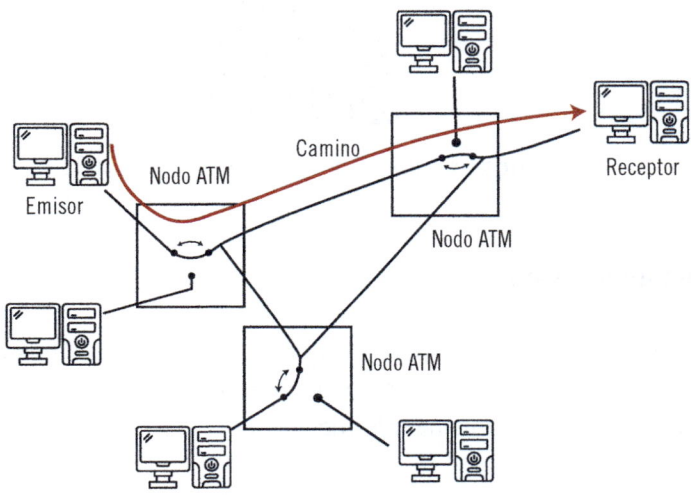

Esquema de funcionamiento de una red ATM

Frame Relay

Frame Relay es un protocolo WAN de alto rendimiento que trabaja en las capas física y de enlace dentro del modelo OSI. Se utiliza para conectar redes de área local (LAN) y transferir los datos a través de redes WAN.

Esta tecnología se caracteriza por su velocidad de transmisión y porque no corrige los errores que se producen en la transmisión de los datos, dejando estas labores para otros equipos que trabajan en niveles OSI superiores.

Debido a que *Frame Relay* se centra en la transmisión de los datos, sin comprobar la existencia de errores en las tramas, es habitual que se considere un protocolo dentro del nivel de enlace.

Proporciona conexiones entre equipos o usuarios a través de una red pública de conmutación como si fuera una red privada con circuitos punto a punto.

A continuación puedes acceder a una explicación acerca del funcionamiento de *Frame Relay:*

https://redirectoronline.com/uf18700101

4. Redes de difusión

Una red de difusión es aquella en la que la información emitida por un nodo es recibida por el resto de los nodos que conforman la red, de manera que todos los nodos reciben la misma información.

Cuando una transmisión lleva un cambo específico en su cabecera se denomina *broadcasting.*

A continuación, se analizarán algunas de las topologías de red más utilizadas en una red de telecomunicaciones.

 Definición

Topología de red
Camino físico por los que transitan los datos de la red, conectando los distintos dispositivos que la integran. Habitualmente se diferencia entre la topología lógica (referida a los datos) y la física (referida al cableado y la ubicación de los equipos).

4.1. Redes en bus

En este modelo de topología, los equipos y dispositivos se conectan a un mismo medio físico.

El principal inconveniente de este tipo de redes es que la rotura del medio de transmisión impide la comunicación entre los equipos.

Este tipo modelo de redes hace necesaria la instalación de elementos de terminación en los extremos (terminadores) de la red para evitar señales no deseadas con un valor de 50 Ω.

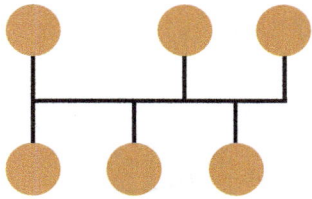

Topología de una red en bus

En esta topología, en el momento en que haya actividad en la red, los equipos capturarán la información que circula por ella para analizar si son los destinarios de esta.

 Actividades

3. Realice un listado con las características, ventajas e inconvenientes de las redes en bus.

4.2. Redes en anillo

En este modelo de red, los equipos se conectan entre sí formando un anillo. En este modelo, al igual que en la red en bus, si un elemento falla, la red también, puesto que ningún equipo puede comunicarse con el resto.

Para llevar a cabo la comunicación en este modelo, se utiliza un "testigo", de forma que únicamente el equipo que lo posea podrá efectuar el envío o recepción de información. Una vez finalizada la transmisión, el "testigo" es entregado a otro equipo para que transmita o reciba información.

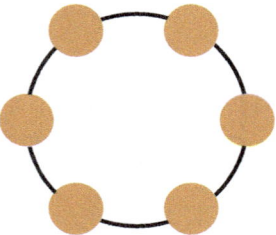

Topología de una red en anillo

5. Redes en estrella

Esta topología es la más utilizada en redes de área local (LAN).

Todos los equipos que integran la red se conectan a un elemento central *(switch, hub* o *router),* de forma que, si un equipo deja de funcionar, el resto de la red sigue funcionando.

El *switch* normalmente incorpora la capacidad de diagnóstico y corrección de errores en los paquetes de datos que circulan por la red.

La red únicamente no estará disponible en el caso de que el concentrador o *hub* deje de funcionar.

Cuando la señal se envía por el medio desde el equipo emisor hacia el *hub,* este reenvía la información al resto de equipos conectados, pero únicamente podrá acceder a la información el equipo receptor cuya dirección coincida con la indicada por el equipo emisor.

 Importante

La mayoría de las redes LAN utilizan la topología en estrella.

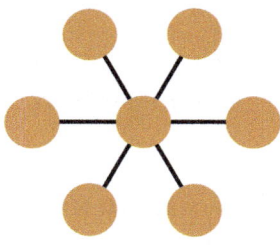

Topología de una red en estrella

 Actividades

Realice una comparativa en la que se recojan las ventajas e inconvenientes que tienen una red en estrella y una en anillo.

6. Otras topologías de red

En algunas ocasiones puede ser necesario segmentar las redes en otras más pequeñas, bien sea por la importancia de los datos almacenados en otros equipos o por controlar y reducir el tráfico de la red para mejorar su rendimiento, para lo cual se pueden subdividir las topologías incorporando dentro de una principal otra secundaria. Es lo que se conoce como segmentación de la red.

A continuación se analizarán algunas de las topologías que permiten este tipo de segmentación, que aumentan la seguridad y el acceso a los equipos y a los datos que estos almacenan.

6.1. Topología de árbol

Esta red está compuesta por un enlace troncal, a partir del cual se ramifican el resto de los nodos y conexiones.

Las ramificaciones se conectan a los nodos secundarios de forma que cada uno es un punto de enlace troncal y a partir de este se ramifican el resto de los dispositivos.

Esta topología es muy recomendada en redes de gran tamaño, gracias a la ventaja de que, en caso de fallo de un dispositivo, el resto sigue funcionando con un tráfico reducido en la red.

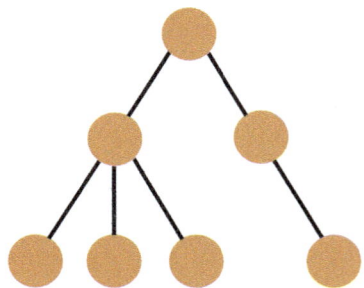

Topología de una topología de árbol

6.2. Topología de malla

En esta topología todos los elementos están interconectados y enlazados entre ellos. La mayor ventaja de esta topología es que la información fluye por distintas rutas y, en caso de fallo, se busca una alternativa. Como inconveniente se encuentra que se debe limitar la cantidad de dispositivos que se han de instalar en esta topología.

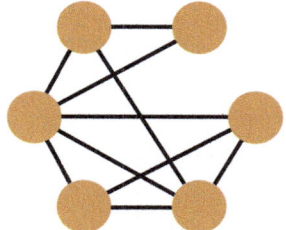

Topología de una red mallada

 Actividades

5. Investigue en qué ocasiones sería adecuado el uso de una red en árbol y en cuáles sería adecuado el uso de una red mallada. Haga una comparativa en la que se recojan las ventajas e inconvenientes que tienen una red en estrella y una en anillo.

7. Resumen

Las redes de telecomunicaciones utilizadas para la interconexión de equipos o sistemas se pueden clasificar en:

Según su ámbito en:

- Redes de área local o LAN *(Local Area Network):* su alcance es como máximo de 1.000 m.
- Redes de área metropolitana o MAN *(Metropolitan Area Network):* su alcance es de 10 km.
- Redes amplias o WAN *(Wide Area Network):* su alcance es global.

Según el tipo de conexión:

- Redes cableadas. El cableado más usual es la fibra óptica, los pares trenzados y coaxial.
- Redes inalámbricas. Los equipos se conectan mediante las ondas o los infrarrojos.

Según la relación entre los equipos:

- Redes cliente-servidor. Existe un equipo principal (servidor) al que se conectan el resto de los equipos de la red (cliente).
- Equipos *peer to peer*. Todos los equipos realizan las funciones de cliente y servidor a la vez.

Según la direccionalidad de los datos:

- Redes simples o unidireccionales.
- Redes *half-duplex* o bidireccionales.
- Redes *full-duplex* (redes bidireccionales en las que los equipos pueden emitir y recibir información de forma simultánea).

La conmutación de paquetes puede realizarse de dos maneras: orientado a la conexión a través de un circuito virtual o no orientado a la conexión mediante un datagrama.

Entre las topologías de red más habituales se encuentran:

- Redes en bus.
- Redes en anillo.
- Redes en estrella.
- Topología de árbol.
- Topología de malla.

Ejercicios de repaso y autoevaluación

1. **Las redes de telecomunicaciones NO se pueden clasificar según...**

   a. ... el alcance.
   b. ... el tipo de conexión.
   c. ... la finalidad.
   d. ... el coste de instalación.

2. **¿Qué tipo de red es la que se caracteriza por tener altas velocidades de transmisión y tienen un alcance máximo de 10 km?**

   a. Las redes de área metropolitana
   b. Las redes de área local
   c. Las redes de área provincial
   d. Las redes de área mundial

3. **Las redes en las que los equipos se conectan a un servidor central son...**

   a. ... las redes cliente-servidor.
   b. ... las redes unipersonales.
   c. ... las redes ofimáticas.
   d. ... las redes externas o internet.

4. **¿Qué técnica conecta dos equipos usando una infraestructura por la que se transmiten los datos?**

   a. La interrupción
   b. La conmutación digital
   c. La conmutación
   d. La conexión en paralelo

5. Dentro de las capas del modelo OSI, la conmutación se ubica en...

    a. ... la capa 1.
    b. ... la capa 2.
    c. ... la capa 5.
    d. ... la capa 7.

6. Establezca el proceso que se lleva a cabo en la conmutación de circuitos.

_____
_____
_____
_____
_____
_____
_____

7. ¿Qué modelo de conmutación parte la información paquetes de longitud fija?

    a. La conmutación de circuitos.
    b. La conmutación de paquetes.
    c. La asignación de paquetes.
    d. La integridad de paquetes.

8. ¿Qué tamaño máximo de paquete se puede utilizar en la conmutación de paquetes?

    a. 500 bytes
    b. 1.500 bytes
    c. 1.000 bytes
    d. No tiene límite

9. Indique cual es una desventaja del uso de la conmutación de paquetes no orientado a la conexión.

_____
_____
_____
_____

10. Indique los principios en los que se basa la red ATM.

_____
_____
_____
_____

11. ¿En qué topología la rotura del medio de transmisión impide la comunicación entre los equipos?

    a. Redes en anillo
    b. Redes en estrella
    c. Redes en bus
    d. Redes en malla

12. Las redes en estrella son las más utilizadas en redes...

    a. ... TRAN.
    b. ... WAN.
    c. ... MAN.
    d. ... LAN.

13. ¿Qué topología es la recomendad en redes de gran tamaño?

    a. Redes troncales
    b. Redes en estrella
    c. Redes en árbol
    d. Redes en malla

14. Indique una ventaja y un inconveniente de la topología de malla.

_____
_____
_____
_____

15. En la topología bus, se debe instalar un terminador en los extremos para...

    a. ... poder instalar el comprobador.
    b. ... conocer donde acaba la red.
    c. ... evitar señales no deseadas.
    d. No es necesario instalar nada.

Capítulo 2
Redes de área local (LAN)

Contenido

1. Introducción
2. Definición y características de una red de área local
3. Topologías
4. Arquitectura de protocolos LAN
5. Normas IEEE 802 para LAN
6. Redes de área local en estrella. Hubs conmutados
7. Interconexión LAN-LAN
8. Interconexión LAN-WAN
9. Cuestiones de diseño
10. Resumen

1. Introducción

Las redes de área local son más conocidas por su acrónimo en inglés, LAN *(Local Area Network)*. Están compuestas por distintos dispositivos, que comparten la información en un pequeño ámbito como puede ser una oficina, o entre uno o varios edificios, dentro de la misma localidad.

Actualmente son un modelo de red muy utilizada, debido en gran parte a la incorporación de servidores que almacenan la información y a la que se puede acceder desde cualquier parte de la red. Estos servidores se clasifican dependiendo del tipo de elemento que alojan: servidores de ficheros si almacenan ficheros con información y servidores de aplicaciones, que se encargan de ejecutar las aplicaciones que utilizan las personas usuarias.

2. Definición y características de una red de área local

Se puede definir una red LAN como un grupo de equipos. y dispositivos interconectados que intercambian información usando distintos medios de transmisión, por cable o a través de las ondas.

Entre las características de una red de área local destacan:

- Suelen ser redes de ámbito privado o corporativo.
- Comparten el medio de transmisión *(broadcast)*.
- Pueden implementarse de forma cableada o inalámbrica.
- Pueden alcanzarse altas velocidades
- Se pueden interconectar con otras redes.
- Aunque en su alcance tienen una limitación de 100 m, pueden usarse repetidores para alcanzar distancias superiores.
- Pueden interconectar una gran cantidad de equipos.
- Utilizan habitualmente el protocolo TCP/IP, aunque pueden usar otros como NetBIOS.

3. Topologías

La topología de una red define la estructura de la red.

Habitualmente se clasifican en topologías físicas, si se atiende a su cableado, y en topologías lógicas, si se clasifican de acuerdo con la manera de comunicarse entre los equipos y dispositivos.

3.1. Topologías físicas

Atendiendo a la manera en la que el cableado conecta los distintos equipos, las topologías más habituales son:

- **Topología en anillo:** los equipos se conectan formado un anillo, es decir, el equipo se conecta al anterior y al siguiente. En esta topología, cuando se transmite la información, esta pasa por todos los equipos o dispositivos hasta que llega al equipo destinatario de la información. En el caso de que se produjera una ruptura del medio físico, la red quedaría inoperativa. En esta topología el número de enlaces necesarios para desarrollar la red es el mismo que el de equipos que se van a instalar.
- **Topología en árbol:** se basa en la ramificación desde un nodo hacia los equipos. Tiene el inconveniente de que, en caso de fallo de uno de los nodos, el resto de los que se encuentren en esa ramificación también dejarán de funcionar.
- **Topología en bus:** esta topología utiliza un único cable, al que se conectan todos los equipos o dispositivos, que en sus extremos debe tener los terminadores o tapones para evitar los rebotes de la onda portadora (impedancia de 50 Ω). En esta topología solo puede enviar o recibir información un equipo, ya que el bus de transmisión es único; hasta que no finalice, el resto de los equipos no pueden enviar o recibir información. Al igual que sucede en la topología en anillo, la ruptura del medio físico provocará la inoperatividad de la red.
  En esta topología se utiliza un único enlace puesto que el medio de transmisión es único.
- **Topología en estrella:** en esta topología se conectan todos los nodos a uno central, que es el encargado de enviar la información al resto. Esta

topología es muy utilizada, debido a que, en el caso de fallo de uno de los nodos, el resto sigue funcionando con normalidad, a excepción del nodo central, en cuyo caso la red quedará inoperativa.

En esta topología se utiliza un enlace para cada uno de los equipos que integran la red.

■ **Topología en estrella extendida:** esta topología conecta varias redes en estrella entre sí usando esta misma topología. Se utiliza para dividir redes y aumentar su cobertura, de forma que se amplíen la cantidad de equipos sin que se vea afectada la calidad de la transmisión de los datos.

■ **Topología en malla:** presenta una gran fiabilidad, puesto que todos los nodos están conectados entre sí. Se utiliza en instalaciones que necesitan garantizar una gran disponibilidad, como pueden ser entidades financieras, empresas de transporte, etc.

Para calcular la cantidad de enlaces necesarios para instalar esta red se debe aplicar la siguiente fórmula, en la que N representa el número de equipos de la red:

$$\text{n.}^{\circ} \text{ enlaces} = N \times (N - 1) \, / \, 2$$

■ **Topología jerárquica:** es similar a la topología en estrella, con la diferencia de que el sistema está conectado a un equipo u ordenador central, que es el encargado de gestionar el tráfico de la red.

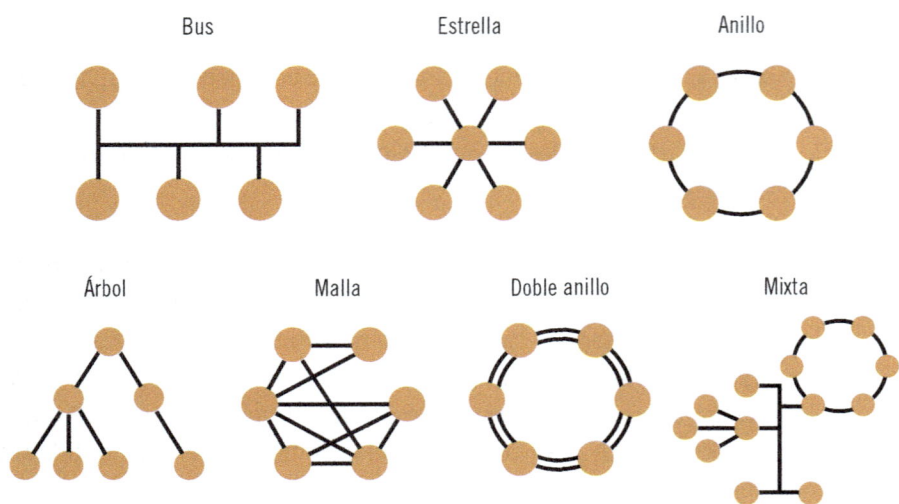

Infografía con diversas topologías físicas

3.2. Topologías lógicas

Además de las distintas topologías físicas vistas en el apartado anterior, se pueden dividir también las redes de acuerdo con la manera en la que se comunican los equipos que la conforman, definiendo distintos modelos de tipologías lógicas.

Dentro de las topologías lógicas más habituales se encuentran:

- **Topología *broadcast:*** cada equipo envía la información a todos los equipos que conforman la red.
- **Topología de *tokens:*** se basa en el envío de un *token* (testigo) a cada uno de los equipos que integran la red de forma secuencial, de manera que, si el equipo no tiene ninguna información que transmitir, pasa el testigo al siguiente equipo.

Actividades

1. Realice el esquema de una topología estrella con otra jerárquica.
2. ¿Qué sucedería si fallase un enlace en una red cuya topología de red fuese en estrella? ¿Y si la red tuviese una topología en bus o en estrella?

Aplicación práctica

Calcule la cantidad de enlaces necesarios para una red en la que hay 50 equipos conectados en una red en estrella, en una red mallada, en una red en anillo y en una red en bus.

Ordene las topologías anteriores según su coste de instalación, si cada enlace vale 15 €.

SOLUCIÓN

En una red en estrella de 50 equipos se debe utilizar un enlace para cada equipo, por lo que serán necesarios 50 enlaces.

En una red mallada integrada por 50 equipos, se debe aplicar la fórmula:

$$n.º\ enlaces = N \times (N - 1) / 2 = 50 \times (50 - 1) / 2 = 1225\ enlaces$$

En una red en anillo deben existir tantos enlaces como equipos tenga la red, por lo tanto serán necesarios 50 enlaces.

En una red en bus, todos los equipos se conectan al cable principal, por lo que únicamente hará falta un único enlace.

Continúa en página siguiente >>

<< Viene de página anterior

De acuerdo con los datos obtenidos anteriormente, se puede establecer que:

Red mallada	1.225 enlaces	18.375 €
Red en estrella	50 enlaces	750 €
Red en anillo	50 enlaces	750 €
Red en bus	1 enlace	15

4. Arquitectura de protocolos LAN

La Organización Internacional para la Estandarización, conocida más por sus iniciales ISO, estableció en el año 1980 un modelo de interconexión de sistemas abiertos, conocido como el modelo OSI, que divide los sistemas de comunicación en siete capas, lo que permite identificar las funciones de cada una de ellas para conseguir que al actuar de manera conjunta la información se transmita o reciba por los distintos equipos que integran la red.

 **Importante**

El modelo OSI se encarga de definir la funcionalidad de cada protocolo utilizado en sus distintas capas, para alcanzar un estándar en la comunicación entre los equipos o dispositivos.

La mayor parte de los equipos que actualmente integran una red se comunican usando el protocolo TCP/IP, que se diferencia del modelo OSI en que define cuatro capas para la comunicación.

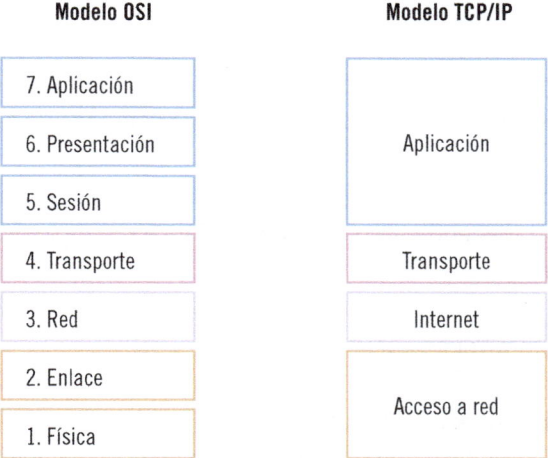

Correspondencia de las capas entre el modelo OSI y el modelo TCP/IP

Tanto en el modelo OSI como en el modelo TCP/IP la información no se transmite de una capa a otra, sino que recorre todas ellas desde el nivel de aplicación hasta el nivel físico del equipo transmisor, y de este al nivel de aplicación del equipo receptor de la información.

Transmisión y recepción de la información entre dos equipos que usan el modelo OSI

4.1. Nivel físico

Dentro del modelo OSI se encuentran los tres primeros niveles (red, enlace y físico), que se corresponden con los niveles encargados de gestionar la red.

El nivel físico es el encargado de establecer las características del medio de transmisión, independientemente de las funcionalidades y condiciones de la comunicación.

Dentro de este nivel se encuentran:

- **Los medios guiados,** que corresponden con los tipos de cableado como la fibra óptica, los cables de partes trenzados o el cable coaxial.
- **Los medios no guiados** o inalámbricos, en los que se utilizan las ondas electromagnéticas como wifi, *Bluetooth*, etc.

Los medios guiados suelen tener un coste mayor que los no guiados, debido a que hay que tener en cuenta, además del propio cableado, las canalizaciones y otros elementos auxiliares. Tienen la ventaja de que son más robustas y seguras.

Los medios no guiados son más fáciles de instalar y más baratos, pero tienen el problema de que les afectan las interferencias y presentan problemas con la cobertura, dependiendo de los elementos que se encuentren en el entorno.

Dentro de esta capa también se definen los elementos que intervienen en la conexión de los dispositivos a la red, regulando las características:

- **Mecánicas:** propiedades del conector, cableado, antena, etc.
- **Eléctricas:** tensión, velocidades de transmisión, etc.
- **Funcionales:** funciones de los circuitos, codificación, etc.
- **Procedimentales:** proceso de intercambio de la información.

4.2. Nivel de enlace

El nivel de enlace se encarga de establecer el medio físico para realizar la transmisión, independientemente del medio utilizado.

A este nivel le corresponde detectar y corregir los posibles errores que se puedan producir en la transmisión, así como liberar el canal lógico una vez finalizada la transmisión.

Dentro de este nivel se llevan a cabo las siguientes funcionalidades:

- **Control de errores:** comprueba que los datos enviados por el emisor son los que ha recibido el receptor.
- **Control de flujo:** regula el ritmo de la transmisión para evitar la congestión del receptor.
- **Direccionamiento en el destino:** se debe identificar el equipo destinatario en el caso de que haya más de uno.
- **Direccionamiento físico:** añade una cabecera a la trama en la que se especifica la dirección física del emisor y del receptor.
- **Gestión del enlace:** activación o desactivación del enlace una vez que la comunicación comience o finalice.
- **Tramado:** se agrupa y gestiona el flujo de la información en tramas.

Cuando varios equipos transmiten a la vez y para ello utilizan el mismo medio, se generan conflictos denominados colisiones, que hacen necesario su control.

El nivel de enlace se subdivide en dos subniveles:

- **Subnivel MAC** *(Medium Access Control),* encargada de resolver los problemas de acceso al medio, incorporar la dirección MAC del emisor y receptor, detectar y corregir los errores, así como suprimir las tramas duplicadas.
- **Subnivel LLC** *(Logical Link Control),* que define la manera en la que los datos se transfieren al medio físico, identificando los protocolos y su encapsulado.

Subnivel MAC *(Medium Access Control)*

Uno de los mayores problemas que se presentan en un sistema de comunicación es el acceso a ese sistema por parte de varios dispositivos que quieren transmitir a la vez, de forma que es necesario definir una manera de organizar la comunicación.

Este nivel se ubica en la capa 2 del modelo OSI y realiza, entre otras, las siguientes funciones:

- Controlar el acceso al medio físico de los dispositivos conectados.
- Incorporar la dirección MAC de los dispositivos de origen y destino en la trama que transmitir.
- Introducir los bits de bandera *(flags)* para que el receptor identifique el inicio y el final de cada trama.
- Detectar y corregir los errores que se puedan producir durante la transmisión.
- Eliminar las transmisiones duplicadas o que presenten errores.

Subnivel LLC *(Logical Link Control)*

Este subnivel se encarga de controlar los errores y el flujo en las redes de área local. Es además responsable de controlar el entramado, el control de diálogo y el direccionamiento del subnivel MAC.

Para la detección de los errores se utiliza la técnica del bit de paridad, que consiste en añadir un bit de control a la trama de bits, de forma que, si el número de bits puestos a 1 es par el bit de paridad de la trama es 0, y si el número de bits puestos a 1 es impar, el bit de paridad de la trama tiene que ser 1.

Con esta técnica se asegura la integridad de la trama, puesto que lo primero que realiza el equipo receptor es comprobar si el bit de paridad corresponde con los bits puestos a 1. Si coinciden, la trama se pasa a los niveles superiores; en caso contrario, se retransmite la trama errónea para que sea corregida.

 Aplicación práctica

Averigüe si la trama 011100110 recibida en el nodo de una red es correcta o no, teniendo en cuenta que la longitud de la trama es de 8 bits y que se aplica la técnica del bit de paridad.

Continúa en página siguiente >>

<< Viene de página anterior

SOLUCIÓN

Para comprobar si la trama es correcta o no, se deben contabilizar el número de bits puestos a 1 que en este caso es 5 (impar).

Como el bit más significativo está puesto a 0, el número de bits puestos a 1 de la trama original debe ser par.

Al comparar los bits puestos a 1 (impar) y el bit significativo (par), se puede afirmar que hay un error en la trama.

 Actividades

3. Realice una tabla en la que se resuman los aspectos sobre los que trabaja cada una de las capas OSI.
4. Investigue acerca de la técnica de redundancia cíclica (CRC) para la detección de errores.

---

5. Normas IEEE 802 para LAN

En febrero de 1980 se formó en el IEEE el comité de redes locales para estandarizar el sistema Ethernet, que era el que existía entonces y cuyas velocidades de transmisión eran de 1 o 2 Mbps.

Los grupos de trabajo que actualmente están activos son:

- IEEE 802.1   Normalización de la interfaz
- IEEE 802.1D   *Spanning Tree Protocol* (STP)
- IEEE 802.1Q   *Virtual Local Area Networks* (VLAN)
- IEEE 802.1X   Autenticación en redes LAN
- IEEE 802.1AQ   *Shortest Path Bridging* (SPB)

- IEEE 802.3   CSMA / CD (ETHERNET)
- IEEE 802.3A   Ethernet delgada 10Base2
- IEEE 802.3C   Especificaciones de repetidor en Ethernet a 10 Mbps
- IEEE 802.3I   Ethernet de par trenzado 10BaseT
- IEEE 802.3J   Ethernet de fibra óptica 10BaseF
- IEEE 802.3U   Fast Ethernet 100BaseT
- IEEE 802.3Z   Gigabit Ethernet parámetros para 1000 Mbps
- IEEE 802.3AB   Gigabit Ethernet sobre 4 pares de cable UTP Cat5e o superior
- IEEE 802.3AD   LACP o agregación de enlaces
- IEEE 802.3AE   10 Gigabit Ethernet
- IEEE 802.11   Redes inalámbricas WLAN (Wi-Fi)
- IEEE 802.15   WPAN *(Bluetooth)*
- IEEE 802.16   Redes de acceso metropolitanas sin hilos de banda ancha (WIMAX)
- IEEE 802.17   Anillo de paquete elástico *script*
- IEEE 802.18   Grupo de Asesoría Técnica sobre Normativas de Radio
- IEEE 802.19   Grupo de Asesoría Técnica sobre Coexistencia
- IEEE 802.20   *Mobile Broadband Wireless Access*
- IEEE 802.21   *Media Independent Handoff*
- IEEE 802.22   *Wireless Regional Area Network*

 Sabía que...

La codificación del estándar 802 se debe a que se puso en marcha en febrero de 1980.

 Actividades

5. Investigue los estándares IEEE 802.11 para redes inalámbricas.

6. Redes de área local en estrella. *Hubs* conmutados

Como se ha descrito anteriormente, la topología en estrella es la más utilizada para una red local, de forma que todos los equipos están conectados a un elemento central (concentrador o *hub),* que es el que controla la conectividad de los equipos.

Esta topología establece que para cada equipo es necesario un enlace, por lo que para N equipos son necesarios N enlaces.

Aunque tienen un coste alto en infraestructura, presentan una gran fiabilidad, puesto que, en el caso de que falle un enlace, el resto sigue funcionando; aunque, si el elemento que falla es el concentrador, toda la red quedará fuera de servicio.

El concentrador se utiliza en redes con un número reducido de equipos y que trabaja en el primer nivel de la capa OSI. Este elemento replica la información que le llega al resto de los equipos que tiene conectados.

El *hub* es un elemento poco eficiente que provoca la saturación de la red y reduce su rendimiento, motivo por el cual han sido sustituidos por los *switches* o *routers.*

El conmutador o *switch* intercambia la información con cada dispositivo de forma independiente, lo que evita las colisiones y mejora la eficiencia de la red. Se utiliza en redes con una mayor cantidad de dispositivos conectados que un concentrador.

7. Interconexión LAN-LAN

Las redes de área local se interconectan entre ellas con el fin de ir ampliándolas acorde a las necesidades de la empresa, sin necesidad de llevar a cabo cambios en el cableado.

Habitualmente, la interconexión de las redes genera una topología en árbol en la que cada rama representa una red local que conecta con el resto usando distintos equipos de interconexión.

Entre los equipos de interconexión de redes de área local se encuentran:

- **Repetidores o *hubs,*** que transmiten la información que les llega a todos los equipos conectados a él.
- **Puentes o *switches,*** que transmiten la información que le llega al equipo destinatario de esta. Aumentan la eficiencia de la red.
- **Enrutadores o *routers,*** que trabajan en el nivel 3 del modelo OSI optimizando la interconexión de la redes.

Los *switches* son los dispositivos más utilizados para la interconexión de las redes. Trabajan en el nivel 2 del modelo OSI, que corresponde a la capa de enlace, analizando las direcciones físicas de origen y destino de cada trama y dirigiéndolas al puerto correspondiente, lo que provoca que la gestión del tráfico de la red se realice eficientemente.

Habitualmente los *switches* se emplean para segmentar redes y controlar el tráfico que se mueve por ellas, o para aislar aquellas redes que presentan un tráfico alto de datos y que pueden congestionarse fácilmente.

8. Interconexión LAN-WAN

En muchas ocasiones las redes locales necesitan conectarse a otras redes con mayor alcance, como puede ser el caso de la conexión a internet, lo que hace necesario del elemento de interconexión *(router)* para llevarlo a cabo.

Los *routers* son dispositivos que trabajan en la capa 3 del modelo OSI. Tienen la capacidad de conectar diferentes topologías, lo que beneficia la distribución del tráfico dentro de la red.

Estos equipos utilizan la tabla de enrutamiento que almacena la dirección única de cada nodo con la que relacionan cada equipo con sus direcciones LAN (internas) y WAN (externas).

Incorporan un cortafuegos *(firewall)* que se encarga de bloquear los accesos no autorizados a la red desde el exterior. Se pueden configurar reglas que impidan que las personas de la red se conecten a servicios de internet que la empresa considere inapropiados.

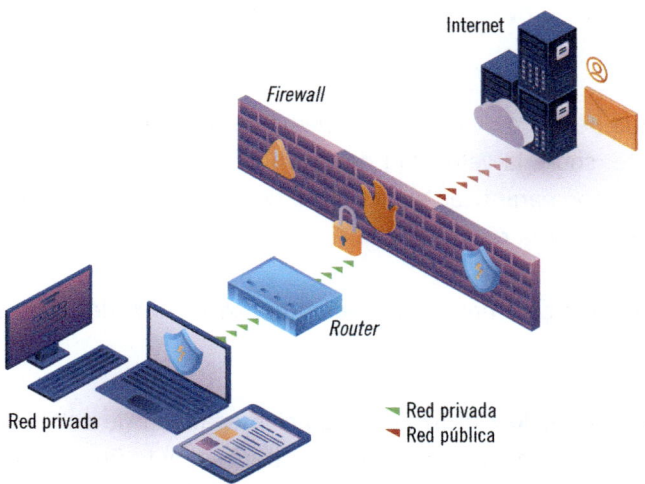

Relación entre una red pública y una privada en la que se utiliza un cortafuegos

Actualmente se pueden encontrar dos modelos de *routers:*

- **Router cableado:** ofrece salidas usando conectores RJ-45.
- **Router inalámbrico:** ofrece conectividades inalámbricas (wifi).

 **Actividades**

6. Realice una tabla donde se recojan las ventajas e inconvenientes de utilizar un *firewall.*

9. Cuestiones de diseño

A la hora de diseñar o dimensionar una red es importante elegir correctamente el medio de transmisión, teniendo en cuenta el tipo de información con el que se va a trabajar. No se manejan los mismos datos en una oficina que en un hospital, lo que provoca que la seguridad de la red tenga que ser mayor en el segundo.

No hay que perder de vista que el medio de transmisión influye, positiva o negativamente, sobre la velocidad de trasmisión y las prestaciones de la red, por lo que se debe garantizar que cumple las exigencias, presentes y futuras, que pueda necesitar la red.

Se puede establecer una clasificación de los medios de transmisión atendiendo a si son:

- **Medios cableados:** utilizan cualquier modalidad de cableado. Los más habituales son el cableado de pares trenzado y la fibra óptica.
- **Medios inalámbricos:** utilizan equipos que transforman las señales en ondas electromagnéticas que se distribuyen usando como medio el aire. Destacan el wifi y el *Bluetooth*.

También se pueden clasificar los medios de transmisión de acuerdo con el modo de transmisión:

- *Simplex:* la comunicación es unidireccional, un equipo siempre es el origen y el otro el destino.
- *Half-duplex:* la comunicación puede ser bidireccional, pero ambos equipos deben alternar la comunicación entre ellos, puesto que si la envían a la vez se producirá una colisión que anularía ambas transmisiones.
- *Full-duplex:* es el modelo más utilizado. El emisor como el receptor pueden enviar información simultáneamente.

Además del medio y el modo de transmisión, se debe tener en cuenta:

- **Control de transmisión:** debe existir un protocolo que regule y controle los datos transmitidos y recibidos para evitar que algún paquete no llegue a destino ni presente errores.
- **Control de errores:** la información debe llegar al destino sin errores, por lo que se debe establecer la manera en la que se van a verificar y gestionar estos.
- **Encaminamiento:** todos los nodos que integren la red deben poder comunicarse con cualquier dispositivo que se encuentre en ella.
- **Identificación:** cada nodo debe identificarse de forma única y exclusiva.
- **Modos de transferencia:** se debe establecer el protocolo *simplex, duplex* o *half-duplex.*
- **Tamaño de los paquetes:** hay que definir el tamaño máximo de los paquetes que se van a trasmitir por la red.

9.1. Medio de transmisión

Según sea el canal por el que se transmite la información, se habla de medios de transmisión guiados o inalámbricos.

Los medios de transmisión guiados son los que emplean un conductor, al menos, por el que se transmite la información. Este tipo de medio tiene limitaciones en cuanto a la velocidad de transmisión, longitudes máximas y comportamiento frente a las interferencias.

El medio más usado en redes LAN es el cable de par trenzado, compuesto de cuatro pares de hilos trenzados dos a dos para evitar la diafonía.

 Definición

Diafonía
Perturbación electromagnética producida en un cable debido a las señales de otro cable o equipo cercano.

Dentro del cable de pares trenzados se pueden encontrar tres tipos:

- **FTP** *(Foiled Twisted Pair):* cable de pares no apantallados que dispone de un apantallamiento global para evitar las interferencias externas.
- **STP** *(Shielded Twisted Pair):* cables apantallados por pares mediante un recubrimiento metálico externo que protege al cable contra las interferencias que pueden provocarse en su entorno.
- **UTP** *(Unshielded Twisted Pair):* cables que no tienen protección y que son sensibles a las interferencias. Suelen ser los cables usados en los latiguillos.

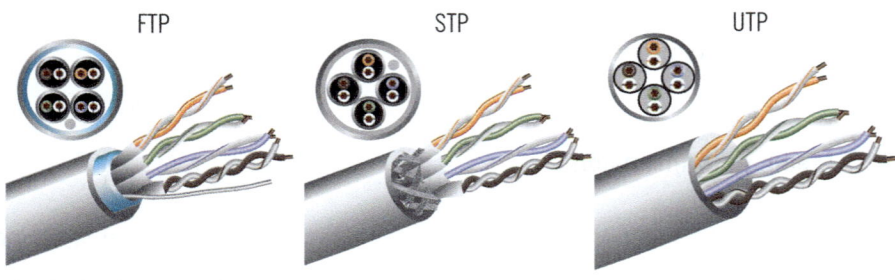

Tipos de cables de pares trenzados

Otros medios de transmisión usados son:

- **Cable coaxial:** compuesto por un conductor central rígido y una malla, separados por un material aislante.
- **Fibra óptica:** filamentos de vidrio con capacidad de transmitir información mediante la modulación de las ondas de luz.

En los dispositivos y equipos domésticos se usa sobre todo el medio inalámbrico, que incorpora ondas electromagnéticas para la transmisión de la información entre los dispositivos.

Este medio de transmisión presenta problemas de seguridad, puesto que cualquier persona con conocimientos puede captar la señal y hacerse con los datos de la transmisión, además de la reflexión que se produce en las ondas al chocar estas con los elementos que encuentren en su camino, como cristales, muebles, puertas, etc.

Características de un producto a partir de sus especificaciones

Todos los medios de transmisión tienen sus propias características, definidas por los fabricantes en la hoja de especificaciones que se entrega conjuntamente con los materiales al adquirirlos.

Dentro de las redes de comunicaciones se puede encontrar una amplia variedad de fabricantes de equipos, medios de transmisión, elementos auxiliares, etc., lo que provoca que entre todos ellos debe existir un elemento común para que puedan interactuar en la red.

El **cable de pares trenzados** es el medio más utilizado en la conexión de equipos y en las redes LAN. Se caracteriza por su economía y su facilidad de instalación, que le permite adecuarse a las necesidades de la instalación, para lo que se clasifica en distintas categorías, atendiendo a las velocidades de transmisión soportadas.

Está compuesto por dos conductores de cobre entrelazados entre sí para anular las posibles interferencias que se puedan producir entre ellos. El más común es el cable de 4 pares trenzados (8 hilos) con una sección 0,22 mm^2.

Importante

El entrelazado que se le aplica a los pares de cables está destinado a evitar las interferencias y la diafonía, de manera que cuanto más entrelazados estén menos le afectará.

Los cables de pares trenzados se categorizan dependiendo de la velocidad de transmisión, la frecuencia y la distancia máxima que alcanzan.

128, av. du Maréchal-de-Lattre-de-Tassigny - 87045 LIMOGES Cedex
Tel : 0 (+33) 5 55 06 87 87 Fax : 0 (+33) 5 55 06 88 88
www.legrand.com

Cat.7 S/FTP Cca cable for local networks

Catalogue number(s) : 0 328 49

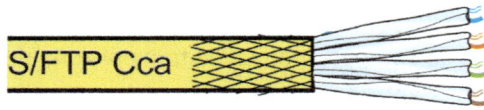

1. USE

Cables with 4 twisted pairs, 100 ohms for high-speed data networks.
802.3 bt PoE++ up to type 4 applications compatible according to installation standards ISO/IEC 14763-2 : 2019 and EN 50174-2 : 2018

2. DESCRIPTION

8 x 23 AWG conductors with PE insulation Pe

4 pairs with individual aluminium/polyester tape screens

Copper braid

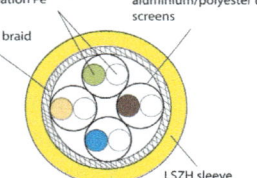

LSZH sleeve

3. MARKING AND PACKAGING

Marking of Legrand cables
- LEGRAND
- Catalogue number
- Number of pairs
- Gauge
- Type
- Impedance
- Type of sleeve
- Category
- Conformity to standards
- EUROCLASS
- Velocity of propagation
- Traceability
- Measurement (length in meters)

Complementary marking (on label)
- Designation
- Made in....

4. PERFORMANCE AT 600 MHZ (STAND. ISO/IEC 11801)

Reference	0 328 49
Maximum attenuation (dB/100 m)	50,1
Minimum NEXT (dB)	60,7
PS NEXT (dB)	57,7
ACRF (dB / 100 m)	39,7
PS ACRF (dB / 100 m)	36,7
Return Loss (dB)	17,3

5. TECHNICAL AND MECHANICAL FEATURES

Catalogue number	0 328 49
Type	S/FTP
Type of sleeve	LSZH
Number of pairs	4
Assembly	Pairs
Diameter over insulation (mm)	1,3±0,2
Average nominal diameter of the cable (mm)	7,4 ± 0,85
Weight of cable (kg/km)	62
Min. bending radius when laying (mm)	62
AWG gauge*	23

* According to UL 444 ed.3 table 4

6. ELECTRICAL FEATURES AT 20°C

Catalogue number	0 328 49
Type	S/FTP
Maximum linear resistance (ohm/km)	66*
DC dielectric strength	1 KV / 1 min *
Minimum insulation resistance (Mohm.km)	5000
Minimum propagation speed	78 %
Characteristic impedance at 100 MHz	100 ±5Ω

* According to standard IEC 61156-5

Fiche technique : S000110377EN-02   Mise à jour le : 10/02/2021   Créée le : 18/05/2020

SOMMAIRE   1/2

Hoja de características del cable de categoría 7

Continúa en página siguiente >>

<< Viene de página anterior

Cat.7 S/FTP Cca cable for local networks   Catalogue number(s) : 0 328 49

---

7. ORDERING INFORMATION

Catalogue number	0 328 49
Type	S/FTP
Colour	Yellow RAL 1018
Pack (m)	500
Packaging	Reel

8. ENVIRONMENTAL FEATURES

Transport and storage temperature: -20 at + 60 °C
Storage temperature before installation: 10°C during 24h (if stock ≤ 5°C)
Usage temperature: – 20 to + 60 °C

Fire rating : EN 50399, IEC 60332-1-2, EN 60332-1-2, IEC 60332-3-24
Smoke density : IEC 61034-2, EN 61034-2
Toxicity of fire effluent : IEC 60754-2, EN 60754-2

EUROCLASS EN 13501-6 = Class Cca s1a, d1, a1
Also compliant with Dca, Eca

9. STANDARDS AND APPROVALS

Cat 7, 600 MHz
Electrical performances and characteritics :
- EN 50173-1
- EN 50288-4-1
- ISO/IEC 11801 (ed. 2.2)
- IEC 61156-5
IEEE 802.3bt : PoE++

Fiche technique : S000110377EN-02   Mise à jour le : 10/02/2021   Créée le : 18/05/2020 **L1 legrand**

SOMMAIRE   2/2

Hoja de características del cable de categoría 7

Otro medio de transmisión muy utilizado y que está ganando fuerza en los últimos tiempos es el **cable de fibra óptica,** debido a que permite la transmisión de datos a alta velocidad.

Con este tipo de cable se puede transmitir a las altas velocidades. Si a esto le sumamos que es inmune a las interferencias y que no tiene apenas atenuación debido a su longitud, resulta un medio para tener en cuenta, sobre todo en entornos industriales y distancias muy grandes.

Para transmitir los datos se confina una señal luminosa en un hilo de vidrio conductor de la luz. Hay que tener en cuenta que la fibra óptica no transmite todas las frecuencias con la misma eficacia.

El cable coaxial es un medio de transmisión que está siendo sustituido por la fibra óptica, pero que aún se puede encontrar en algunas instalaciones. El cable coaxial se caracteriza atendiendo a su grosor (delgado o grueso) y a su banda de transmisión (banda base o banda ancha).

 Actividades

7. Realice una comparativa de las diferentes categorías de cable de pares trenzados.
8. Elabore una tabla en la que se recoja la categoría del cable, la distancia máxima de transmisión y el ancho de banda.
9. Investigue acerca de los cables de fibra óptica multimodo y monomodo.

Selección de los medios de transmisión

La selección del medio viene determinada por la ubicación física de los equipos y las previsiones que a futuro se espera que se llevarán a cabo sobre la red. No es apropiado realizar la instalación únicamente para los equipos y puestos de trabajo actuales, puesto que la tendencia es a que los puestos de trabajo se modifiquen cada tres o cuatro años.

Véase lo sucedido con los cables de cobre dedicados a la telefonía analógica. Se realizaba el tendido del cableado en el interior de las viviendas y este se modificaba con el paso del tiempo para adecuarlo a los nuevos dispositivos, mobiliario, etc.

 Importante

Los sistemas de cableado estructurado aseguran que las aplicaciones de telecomunicaciones (presenten y futuras) deben poder trabajar sin problemas durante al menos diez años.

Instalación de medio de transmisión. Problemática

Además de la importancia de la correcta selección del medio de transmisión, es fundamental realizar su instalación de forma adecuada, para garantizar las prestaciones del medio y que estas no disminuyen.

Una instalación incorrecta afecta a las prestaciones del medio y sobre todo de la red, puede generar problemas en esta.

Entre las recomendaciones que se deben tener en cuenta destacan:

- **Canalizaciones:** los cables deben discurrir siempre por tubos canaletas o bandejas exclusivas, no se pueden compartir con instalaciones eléctricas, de seguridad, contra incendios, etc.
- **Sección de los tubos:** la suma de la sección de los conductores que circulan por el interior de los tubos no puede superar el 60 % de la capacidad de la sección del tubo, para evitar el estrangulamiento de los cables y facilitar el tendido y mantenimiento de estos, además de las posibles ampliaciones de la red.
- **Conducciones de servicios:** en el caso de que los cables de comunicación se crucen con otras instalaciones de servicios (agua, gas, electricidad), se debe respetar una distancia mínima de 30 cm entre ellos.

▌ Radios de curvatura: se deben respetar los radios de curvatura tanto de los cables como de las canalizaciones. El radio de curvatura mínimo para un cable de pares trenzados es de cuatro veces su diámetro, de diez veces su diámetro si el cable es de fibra óptica.

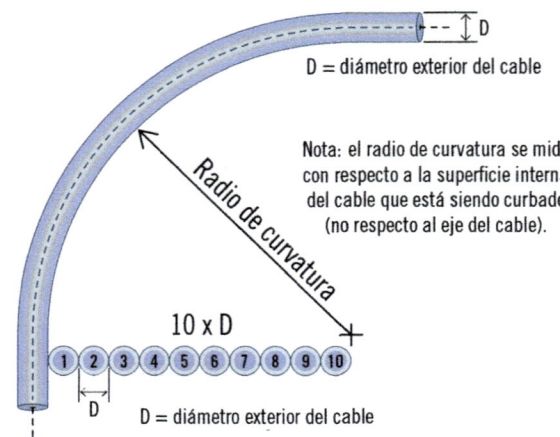

Recomendación del curvado de cables de fibra óptica

Influencia de cada medio de transmisión sobre las prestaciones globales de la red

Como se viene indicando, los medios de transmisión influyen negativamente en la calidad de la señal que recibe el equipo receptor con respeto a la señal enviada por el equipo emisor.

Dentro de las alteraciones que pueden producirse en las señales digitales se encuentran:

- **La atenuación** debida a la reducción logarítmica de la señal de acuerdo con la distancia del medio de transmisión. Se mide en decibelios por unidad de longitud.
  Dentro de la atenuación se deben contemplar tres aspectos:

  1. La señal recibida por el equipo receptor debe tener una **amplitud** suficiente para que el equipo la pueda descifrar.

2. La **señal** recibida por el equipo receptor debe ser mayor que el ruido. De no ser así, será descartada al interpretarse como errónea.
3. La atenuación es un parámetro que depende de la **frecuencia.**

- **La distorsión por retardo** se produce cuando se transmite un mensaje y una parte de este llega más rápido al destinatario que el resto, lo cual provoca alteraciones en la forma de envío de la información.
Esta alteración, exclusiva de los medios guiados, se debe a que la velocidad de propagación depende de la frecuencia por lo que si varía esta varía la velocidad. La reducción logarítmica de la señal depende de la distancia del medio de transmisión. Se mide en decibelios por unidad de longitud.
- **El ruido** debido a las señales no deseadas que interfieren en la transmisión tanto debidas al propio medio como a los elementos que se encuentran en su entorno.
Se pueden establecer distintos tipos de ruido:

- **Diafonía,** cuando las señales de un medio aparecen en otro.
- **Ruido de intermodulación,** debido a las frecuencias que operan por el mismo medio y que provocan señales de ruido.
- **Ruido impulsivo,** impulsos de gran amplitud que distorsionan la señal y que duran muy poco tiempo.
- **Ruido térmico,** debido al movimiento de los electrones en el medio conductor por la temperatura de este.

 Importante

El ruido térmico o blanco no se puede eliminar, por lo que se debe tener en cuenta al seleccionar las prestaciones necesarias al diseñar un sistema de comunicación.

La capacidad de un medio se establece teniendo en cuenta las siguientes características:

- **Ancho de banda:** específico para cada medio de transmisión. Se mide en hercios (Hz) o ciclos por segundo.
- **Nivel medio de ruido:** provocado y dependiente del propio medio.
- **Tasa de errores:** la señal recibida es contraria a la transmitida. Por ejemplo, se recibe un 1 cuando se debiera haber recibido un 0 o viceversa.
- **Velocidad de transmisión:** expresada en bits por segundo (bps).

Simbología y codificación comercial

La simbología es una forma gráfica de representar cada uno de los elementos que integran la red.

Los símbolos más habituales que se encuentran en los mapas topológicos de una red son:

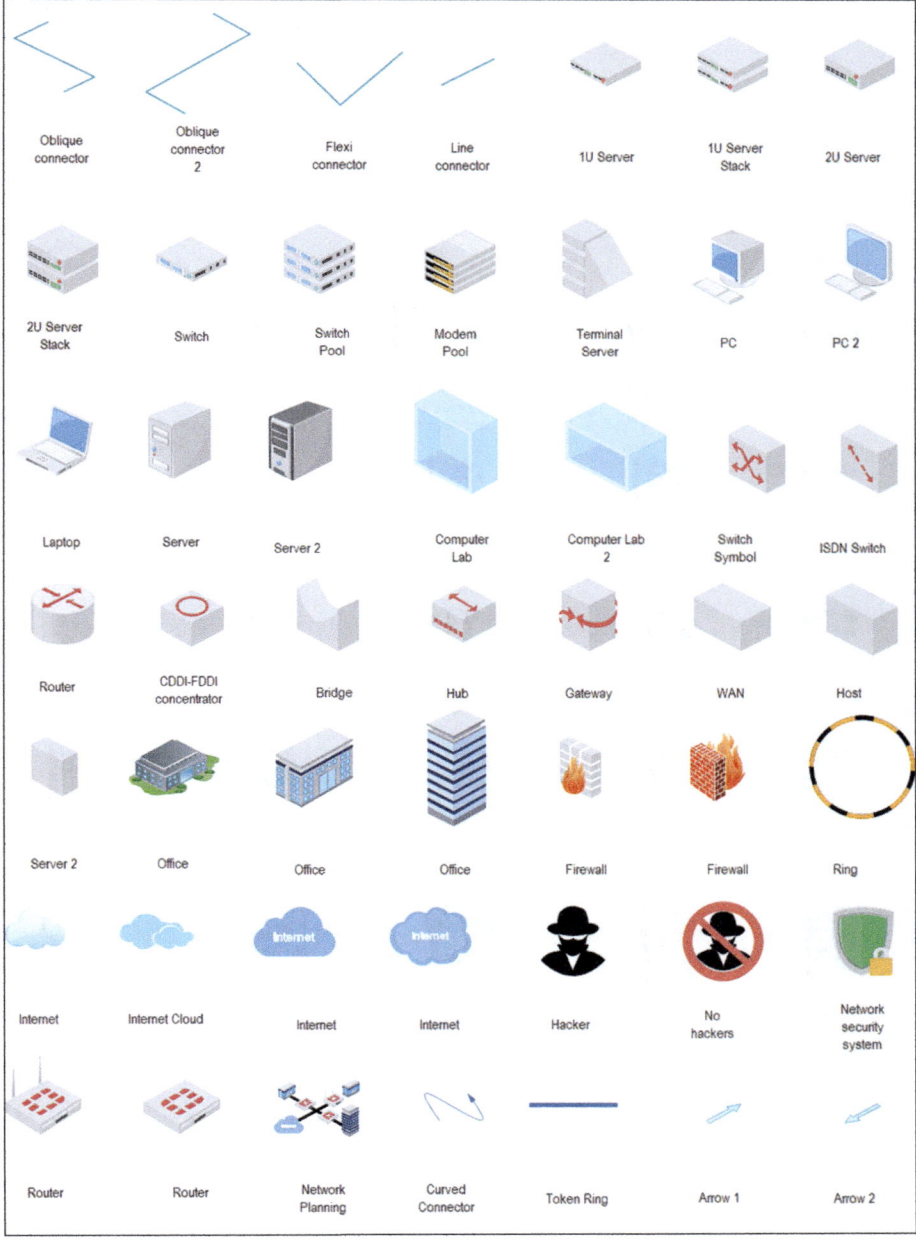

Simbología de los equipos y periféricos de red (© Edrawsoft.com)

Simbología para la topología de una red (I) (© Edrawsoft.com)

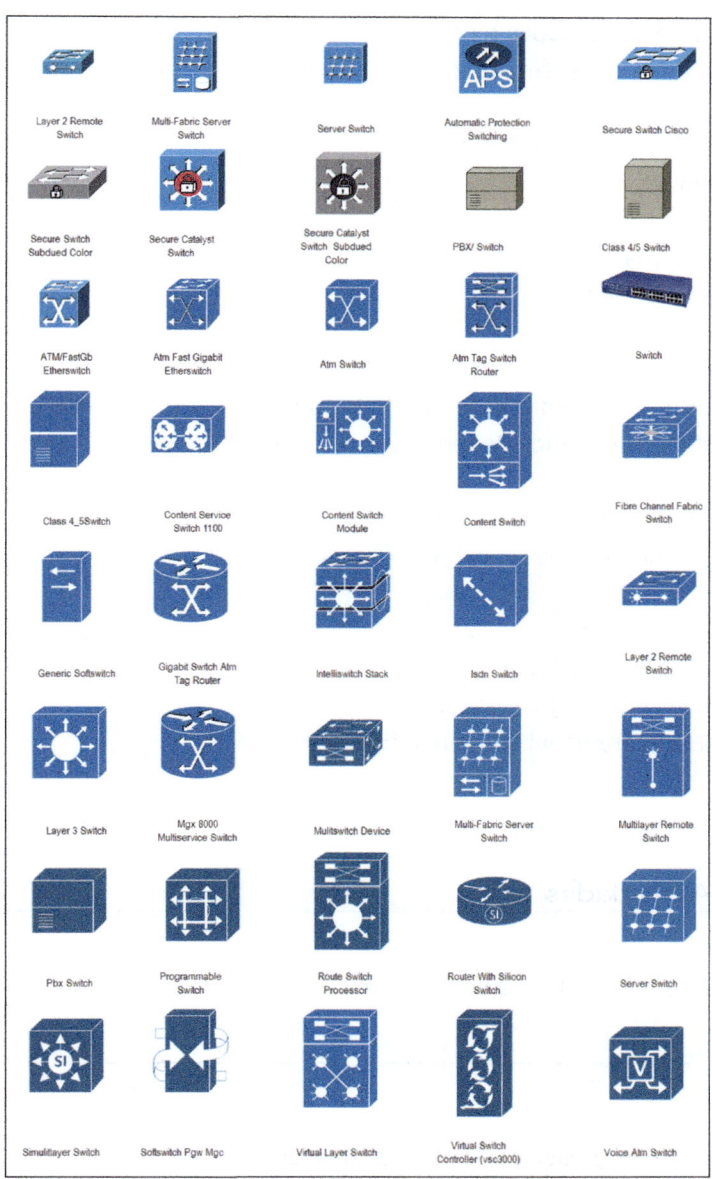

Simbología para la topología de una red (II) (© Edrawsoft.com)

Para realizar los mapas topológicos de la red en los que se recojan los equipos y sus conexiones, se pueden emplear distintos programas y aplicaciones:

- *Dia* (editor de diagramas)
- *Draw.io*
- *Edrawsoft*
- *LucidChart*
- *Microsoft Visio*

Mientras que la simbología se centra en la identificación de los elementos que conforman la red de comunicaciones, la codificación se basa en la identificación de los productos de forma inequívoca utilizan signos o símbolos.

Un ejemplo de codificación se puede ver en el código de colores utilizados en los pares de hilos de un cable UTP:

- Cables azul y blanco-azul
- Cables verde y blanco-verde
- Cables marrón y blanco-marrón
- Cables naranja y blanco-naranja

 Actividades

10. Investigue acerca de las diferencias entre simbología y codificación.

El mercado de los productos de comunicaciones

El mercado de los productos de comunicaciones está en constante crecimiento, debido a que se está investigando todo el tiempo la manera en la que se pueden mejorar los equipos, dispositivos y elementos que integran una red de comunicaciones, para tratar de integrar en las redes la mayor cantidad de aplicaciones y servicios posibles.

No hay más que analizar los cambios que se han producido en la telefonía móvil desde que comenzó hasta la actualidad: ¿quién podía imaginar que se llegaría operar a un paciente desde la otra parte del mundo, o que se iba a integrar la inteligencia artificial en multitud de aplicaciones?

Las redes de comunicación han pasado de ser consideradas una infraestructura a ser un elemento importante sobre el que se desarrollan una gran cantidad de interacciones, utilizadas en toda clase de procesos.

9.2. Equipos de conexión

Para conectar diferentes topologías de red es necesario utilizar diferentes equipos que se caractericen por trabajar en la misma capa OSI.

Así, se encuentran:

- Los *hubs* o concertadores trabajan en la capa 1 del modelo OSI, son los equipos más básicos.
- Los *switches* o puentes que trabajan en la capa 2 del modelo OSI y que incorporan protocolos inteligentes de gestión del tráfico de la red.
- Los *routers* que trabajan en la capa 3 del modelo OSI, que permiten la interconexión de redes de diferentes topologías, como es la conexión de las redes LAN con las redes WAN (internet).

Ubicación en el diseño de los equipos de interconexión

Una red de comunicaciones está compuesta del cableado, los conectores y los equipos. Deben respetar al resto de las instalaciones que hay en el edificio, lo que obliga a realizar un estudio pormenorizado de los trazados, ubicaciones de los equipos y dispositivos, así como de los métodos de instalación más adecuados.

No existe una ubicación óptima para los equipos que integran la topología de la red.

En las instalaciones domésticas o con una pequeña cantidad de puestos, los equipos se instalan sobre el mobiliario o cercanos al punto de conexión del servicio, como puede ser el *router* en una casa.

Para las instalaciones de mayor tamaño se utilizan los armarios, en los que mediante los *patch panels* o *racks,* se centraliza el conexionado y la ubicación de los equipos.

Las dimensiones de estos armarios están normalizadas: todos son de una anchura de 19 pulgadas (48,26 cm). Su altura, en unidades *racks* o U, que corresponde con 1,75 pulgadas o 44,45 mm.

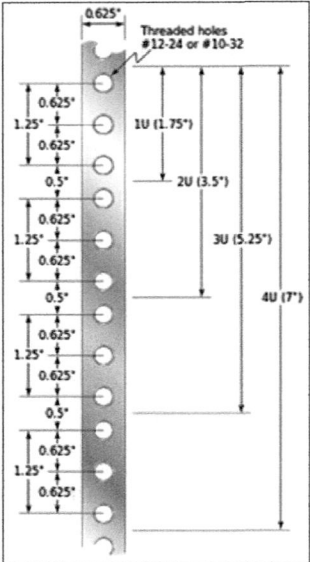

Cálculo de la altura de un rack en U

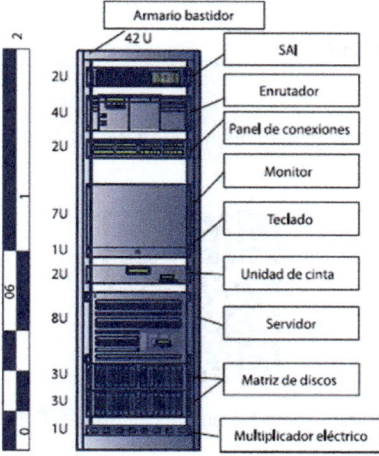

Distribución tipo de un rack de 42 U (© Rackonline.es)

Sabía que...

El tamaño de la unidad *rack* (U) está basada en la especificación estándar para los *racks* según la norma EIA/ECA-310-E.

Actividades

11. Investigue acerca de las características constructivas de los armarios en la norma EIA/ECA-310-E.

Para saber más

Puede ampliar la información sobre la norma EIA/ECA310-E en el siguiente enlace:

https://redirectoronline.com/uf18700201

Establecer el modo de direccionamiento y su configuración, incluyendo las subredes

Para conectar un equipo en una red de comunicaciones es necesario establecer en este los siguientes parámetros.

Dirección IP del equipo

Las redes se clasifican en varias clases, dependiendo del rango de las direcciones IP:

- **Clase A:** destinada a redes muy grandes. El primer octeto identifica a la red y los otros tres octetos identifican al equipo dentro de la red. Sus direcciones IP se comprenden en el intervalo 0.0.0.0 – 127.255.255.255, lo que permite que se conecten un total de 2^{24} equipos (16.777.216).
- **Clase B:** destinada a redes medianas. Los dos primeros octetos identifican a la red y los otros dos octetos identifican al equipo dentro de la red. Sus direcciones IP se comprenden en el intervalo 128.0.0.0 – 191.255.255.255, lo que permite que se conecten un total de 2^{16} equipos (65.536).

■ **Clase C:** destinada a redes pequeñas. Los tres primeros octetos identifican la red y el otro octeto restante identifica al equipo dentro de la red. Sus direcciones IP se comprenden en el intervalo 192.0.0.0 – 223.255.255.255, lo que permite que se conecten un total de 2^8 equipos (256)

■ **Clase D:** destinada a redes *multicast,* usadas para optimizar la velocidad y el ancho de banda de la red. Sus direcciones IP se comprenden en el intervalo 224.0.0.0 – 239.255.255.255.

■ **Clase E:** destinada a la investigación. Sus direcciones IP se comprenden en el intervalo 240.0.0.0 – 255.255.255.255.

Dentro de la clasificación anterior, hay que tener en cuenta que las redes de clase A, B y C tienen reservadas una serie de direcciones IP que no van a tener conectividad con internet y que corresponden con las siguientes direcciones:

■ **Clase A** (10.0.0.0 - 10.255.255.255)
■ **Clase B** (172.16.0.0 - 172.31.255.255)
■ **Clase C** (192.168.0.0 - 192.168.255.255)

Además, las direcciones 0.0.0.0 y 127.0.0.1 no pueden ser asignadas a ningún equipo puesto que están reservadas para tráfico local de los propios equipos.

 Importante

Las redes locales habitualmente son de clase C, por lo que las direcciones IP de sus equipos estarán comprendidas en el intervalo 192.0.0.0 y 223.255.255.255.

Aplicación práctica

Analice si la dirección IP 120.1.32.65 pertenece a la red de su empresa que es de clase C.

SOLUCIÓN

La dirección IP 120.1.32.65 está en el rango de redes de clase A. El equipo que la esté utilizando, al estar fuera de esta, no podrá conectarse a la red corporativa.

Máscara de subred

La máscara de subred es una combinación de bits encargados de establecer a los equipos de la red de comunicación qué parte corresponde a la propia red y cuál al *host*. Mediante la máscara de subred se pueden definir el número de equipos que se conectan a la misma red.

La máscara habitual en redes de tipo C es 255.255.255.0, que corresponde a un máximo de 254 equipos, puesto que hay que reservar el primero (255.255.255.0) que nombra la subred y el último (255.255.255.255) que está reservada para la dirección *broadcast*.

Las máscaras más habituales son las siguientes:

- **Clase A** → 255.0.0.0
- **Clase B** → 255.255.0.0
- **Clase C** → 255.255.255.0

La máscara de subred se puede representar mediante la notación diagonal o CIDR, que representa la cantidad de bits establecidos en 1 en la máscara de subred.

	Decimal	Sistema binario
Dirección de red	192.168.10/24	192.168.10.00000000
Primera dirección de *host*	192.168.10.1	192.168.10.00000001
Última dirección de *host*	192.168.10.254	192.168.10.11111110
Dirección de *broadcast*	192.168.10.255	192.168.10.11111111
Cantidad de *hosts*	28 – 2 = 254 *hosts*	

La máscara de red se utiliza para segmentar redes, modificando la cantidad de *hosts* o equipos que se pueden conectar a ella. Por ejemplo, si se tuviese la dirección 192.168.10/28 significaría que cuatro bits quedarían siempre a 0 (son los que se representan en color rojo en la siguiente tabla).

	Decimal	Sistema binario
Dirección de red	192.168.10/28	192.168.10.00000000
Primera dirección de *host*	192.168.10.1	192.168.10.00000001
Última dirección de *host*	192.168.10.254	192.168.10.00001110
Dirección de *broadcast*	192.168.10.255	192.168.10.00001111
Cantidad de *hosts*	24 – 2 = 14 *hosts*	

 Importante

Hay que tener en cuenta el valor de cada bit para establecer correctamente la máscara de red.

En la siguiente tabla se establecen las correspondencias entre diferentes números binarios de 8 bits y sus correspondientes decimales, para lo que se debe sumar el valor decimal de cada bit en base 2.

Decimal	2^7	2^6	2^5	2^4	2^3	2^2	2^1	2^0
	128	64	32	16	8	4	2	1
0	0	0	0	0	0	0	0	0
1	0	0	0	0	0	0	0	1
2	0	0	0	0	0	0	1	0
5	0	0	0	0	0	1	0	1
40	0	0	1	0	1	0	0	0
46	0	0	1	0	1	1	1	0
98	0	1	1	0	0	0	1	0
128	1	0	0	0	0	0	0	0
206	1	1	0	0	1	1	1	0
255	1	1	1	1	1	1	1	1

Puerta de enlace

La puerta de enlace o *gateway* es el dispositivo encargado de conectar distintos equipos. Hace posible que se compartan recursos entre ellos.

Su misión es traducir el protocolo usado en una red al usado en la red de destino. La puerta de enlace es fundamental si se desea que la red tenga acceso a Internet.

Servicio DNS

Un servidor DNS es un *software* encargado de traducir las direcciones IP a nombres de dominio. Cada dominio tiene configurados sus propios servidores, que son los encargados de traducir el nombre del dominio a una dirección IP.

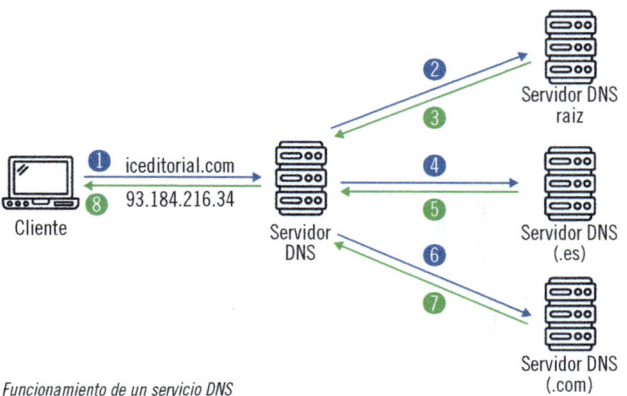

Funcionamiento de un servicio DNS

 Aplicación práctica

Tiene que realizar el diseño de una red para la nueva sucursal que su empresa abrirá próximamente y debe decidir el tipo de red que ha de instalar. El único dato que le han indicado es que la dirección IP que debe utilizar es 150.38.23.0/24. ¿Cuántos equipos podrá integrar en esa red?

SOLUCIÓN

La dirección IP del enunciado define que esta IP tiene asignada una máscara de subred 255.255.255.0, lo que deja los últimos 8 bits para identificar los equipos. Teniendo en cuenta que se pueden generar 28 direcciones y que hay que restarle 2, se obtiene que esta red puede albergar un total de 254 equipos.

Seleccionar el sistema de interconexión con la red de área amplia

La conexión de una red de área con una red de área amplia como es una red WAN como internet se realiza a través de un *router*, lo que les permite a los usuarios utilizar diferentes servicios como páginas web, servicios de correo o incluso la compra de productos *online*.

El *router*, como se ha definido anteriormente, permite la conexión de diferentes topologías de red, para lo que necesita tener dos direcciones IP diferentes, una privada que lo identifique dentro de la red local y otra pública que lo identifique en la red WAN.

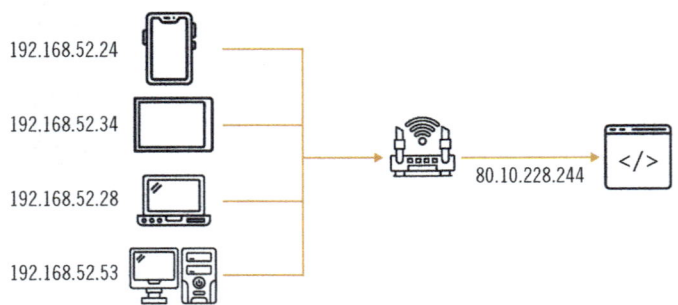

Configuración de una red en la que se muestra la IP pública y la IP privada

 ## Para saber más

Existen en internet diversas páginas en las que se realizan los cálculos necesarios para configurar una red, dependiendo de la dirección IP y la máscara de entrada. Un ejemplo es la siguiente. Acceda a ella a través del siguiente enlace:

https://redirectoronline.com/uf18700202

Aplicación práctica

En el diseño de la red de la aplicación práctica anterior se ha modificado la dirección IP que tiene que asignar por la siguiente: 143.45.0.0/16. ¿Cuántos equipos podrá instalar?

SOLUCIÓN

La dirección IP del enunciado define que esta IP tiene asignada una máscara de subred 255.255.0.0, lo que deja los últimos 16 bits para identificar los equipos. Teniendo en cuenta que se pueden generar 2^{16} direcciones y que hay que restarle 2, se obtiene que la red puede albergar un total de 65.534 equipos.

Para conocer la IP pública de una red, se puede acceder a cualquiera de las páginas web que muestran esta información, como por ejemplo <https://www.cualesmiip.es>.

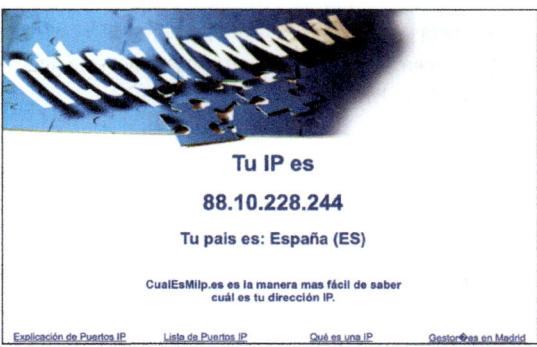

Identificación de la IP pública de una red usando una herramienta online

Líneas de respaldo

Las redes de comunicación se han convertido en la actualidad en un activo importante en las empresas y organizaciones, debido a la gran cantidad de transacciones que se realizan en ellas.

Se ha vuelto imprescindible que la red esté disponible la mayor cantidad de tiempo posible, lo que ha obligado a la creación de las líneas de respaldo, que son líneas alternativas entre los dispositivos para evitar que, en caso de fallo, la red siga funcionando por la línea alternativa, tratando de garantizar una disponibilidad total en caso de fallo de la red principal.

Hay que tener en cuenta que la implantación de líneas de respaldo obliga a montar y mantener más líneas de conexión y dimensionar los equipos para que tengan la capacidad de trabajar con estas líneas, obligando a aumentar el número de puertos de estos para conectar estas líneas de respaldo.

Debido al incremento en el coste, es habitual instalar únicamente líneas de respaldo en los enlaces críticos, para que una parte de la red se quede sin servicio.

 Actividades

12. Investigue acerca de las diferencias de las direcciones IP V4 e IP V6.
13. Busque información acerca del procedimiento para conocer la dirección IP de un equipo cuyo sistema operativo es *Windows, Linux* y *macOS*.

9.3. Tarjetas de red

Una tarjeta de red es un dispositivo que se instala en un equipo para que este sea capaz de transmitir en la red en la que se encuentre conectado.

Importante

Si un equipo no dispone de tarjeta de red no podrá conectar a la red ni compartir información con otros equipos o dispositivos.

Es habitual que estas tarjetas se integren en los propios equipos. Pueden ser inalámbricas o ethernet, dependiendo del medio de transmisión que utilicen.

Tarjeta de red inalámbrica.   *Tarjeta de red Ethernet de 4 puertos*

Cada tarjeta de red lleva asociado un número MAC identificativo de 48 bits en formato hexadecimal, que identifica al fabricante del equipo. Este número identificativo es establecido por el IEEE *(Institute of Electronic and Electrical Engineers).*

Para saber más

Puede conocer los datos asociados a la dirección MAC a través de la siguiente página web:

https://redirectoronline.com/uf18700203

Para conocer la dirección MAC en un equipo con sistema operativo *Windows:*

1. Se ejecuta el símbolo del sistema (Menú **Inicio** > *Ejecutar* > escribir **cmd**).
2. Se introduce el comando **ipconfig/all.**
3. Se localiza el apartado **Dirección física.** El valor mostrado es la dirección MAC correspondiente a la tarjeta de conexión del equipo.

```
 C:\WINDOWS\system32\cmd.  ×   + ˅

Configuración IP de Windows

    Nombre de host. . . . . . . . . : Windows-22-2023
    Sufijo DNS principal . . . . . :
    Tipo de nodo. . . . . . . . . . : híbrido
    Enrutamiento IP habilitado. . . : no
    Proxy WINS habilitado . . . . . : no
    Lista de búsqueda de sufijos DNS: localdomain

Adaptador de Ethernet Ethernet:

    Sufijo DNS específico para la conexión. . : localdomain
    Descripción . . . . . . . . . . . . . . . : vmxnet3 Ethernet Adapter
    Dirección física. . . . . . . . . . . . . : 00-0C-29-8A-1B-D0
    DHCP habilitado . . . . . . . . . . . . . : sí
    Configuración automática habilitada . . . : sí
    Vínculo: dirección IPv6 local . . . . . . : fe80::2514:4d8c:7615:ddd7%16(Preferido)
    Dirección IPv4. . . . . . . . . . . . . . : 192.168.245.140(Preferido)
    Máscara de subred . . . . . . . . . . . . : 255.255.255.0
    Concesión obtenida. . . . . . . . . . . . : viernes, 7 de junio de 2024 17:06:52
    La concesión expira . . . . . . . . . . . : viernes, 7 de junio de 2024 17:36:52
    Puerta de enlace predeterminada . . . . . : 192.168.245.2
    Servidor DHCP . . . . . . . . . . . . . . : 192.168.245.254
    IAID DHCPv6 . . . . . . . . . . . . . . . : 234884137
    DUID de cliente DHCPv6. . . . . . . . . . : 00-01-00-01-2D-B1-9F-B0-00-0C-29-8A-1B-D0
    Servidores DNS. . . . . . . . . . . . . . : 192.168.245.2
    Servidor WINS principal . . . . . . . . . : 192.168.245.2
    NetBIOS sobre TCP/IP. . . . . . . . . . . : habilitado
```

Obtención de la dirección MAC de un equipo usando el símbolo del sistema en Windows

Para conocer la dirección MAC en los equipos que utilizan *Linux* o *macOS* el proceso es el siguiente:

1. Se ejecuta la aplicación terminal.
2. Se ejecuta el comando **ifconfig-a.**
3. Se identifica la interfaz inalámbrica (en la imagen ens160).
4. Dentro de la opción **ether** aparece la dirección MAC.

```
                                    ubuntu@ubuntu:~              Q  ≡        □  ×
ubuntu@ubuntu:~$ ifconfig -a
ens160: flags=4163<UP,BROADCAST,RUNNING,MULTICAST>  mtu 1500
        inet 192.168.245.158  netmask 255.255.255.0  broadcast 192.168.245.255
        inet6 fe80::20c:29ff:fe37:8680  prefixlen 64  scopeid 0x20<link>
        ether 00:0c:29:37:86:80  txqueuelen 1000  (Ethernet)
        RX packets 18347  bytes 26969536 (26.9 MB)
        RX errors 0  dropped 0  overruns 0  frame 0
        TX packets 7960  bytes 464392 (464.3 KB)
        TX errors 0  dropped 0 overruns 0  carrier 0  collisions 0
        device interrupt 44  memory 0x3fe00000-3fe20000

lo: flags=73<UP,LOOPBACK,RUNNING>  mtu 65536
        inet 127.0.0.1  netmask 255.0.0.0
        inet6 ::1  prefixlen 128  scopeid 0x10<host>
        loop  txqueuelen 1000  (Local Loopback)
        RX packets 259  bytes 25205 (25.2 KB)
        RX errors 0  dropped 0  overruns 0  frame 0
        TX packets 259  bytes 25205 (25.2 KB)
        TX errors 0  dropped 0 overruns 0  carrier 0  collisions 0

ubuntu@ubuntu:~$
```

Obtención de la dirección MAC de un equipo usando el terminal en Ubuntu

```
For the MAC 00:0c:29:37:86:80 the following information is found:
000C29      (base 16)           VMware, Inc.
                                3401 Hillview Avenue
                                Palo Alto  CA  94304
                                US
```

Resultado de introducir la dirección MAC obtenida en la imagen anterior

 Actividades

14. Realice una tabla comparativa de las características de una tarjeta de red ethernet y otra inalámbrica.

10. Resumen

Se puede definir una red local (LAN) como un grupo de dispositivos inter-conectados para el intercambio de información usando distintos medios de transmisión.

La topología de la red establece la estructura de la red. Se pueden clasificar así:

- Topologías físicas

  - Topología en anillo
  - Topología en árbol
  - Topología en bus
  - Topología en estrella
  - Topología en estrella extendida
  - Topología en malla
  - Topología jerárquica

- Topologías lógicas

  - Topología *broadcast*
  - Topología de *tokens*

Para que una red funcione correctamente, los equipos deben utilizar un protocolo. El más usado actualmente es el denominado TCP/IP. A diferencia del modelo OSI, que establece 7 niveles en el protocolo de comunicación, el TCP/IP establece 4.

En el nivel 1 del modelo OSI se agrupan los medios físicos, que pueden ser guiados si usan cableado o no guiado si no son inalámbricos.

El nivel 2 o de enlace se encarga de los elementos necesarios para realizar la transmisión, sin tener en cuenta el medio usado.

La transmisión de la información está regulada por el IEEE, que tiene definidos una serie de estándares que sistematizan diferentes aspectos según el tipo de red.

Las redes de área local necesitan interconectarse con otras redes para conseguir la conectividad de estas, para lo que pueden utilizar los siguientes equipos:

- **Repetidores o *hubs,*** que transmiten la información que les llega a todos los equipos conectados a él.
- **Puentes o *switches,*** que transmiten la información que le llega al equipo destinatario de esta. Aumentan la eficiencia de la red.
- **Enrutadores o *routers,*** que trabajan en el nivel 3 del modelo OSI, optimizando la interconexión de la redes.

Para proteger las redes de área local se utilizan los cortafuegos, que evitan que se acceda a la red privada desde la red pública, como por ejemplo internet.

A la hora de llevar a cabo la instalación de los equipos y el cableado, se deben respetar distintas recomendaciones de montaje, para evitar la aparición de problemas que dejen la red sin funcionamiento.

Ejercicios de repaso y autoevaluación

1. Indique al menos tres características de una red de área local.

_____
_____
_____
_____

2. ¿Qué tipo de topología de red es la que se caracteriza por interconectar varias redes en estrella?

    a. En estrella extendida
    b. En árbol
    c. En anillo
    d. En bus

3. Las redes LAN utilizan mayoritariamente el modelo...

    a. ... TCP / IP.
    b. ... OSI.
    c. ... ISO.
    d. ... BUS.

4. ¿Dentro de qué nivel se encuentran las capas físicas, de enlace y de red?

    a. Nivel de aplicación
    b. Nivel de enlace
    c. Nivel físico
    d. Nivel de transporte

5. Indique la característica principal del nivel físico.

_____
_____

6. Establezca la diferencias existentes, a nivel físico, entre los medios guiados y los no guiados.

_____

_____

_____

_____

_____

_____

_____

7. ¿Qué funcionalidad del nivel de enlace regula la transmisión para evitar la congestión del receptor?

    a. El direccionamiento

    b. El control de flujo

    c. El control de errores

    d. La gestión del enlace

8. Indique los subniveles en los que se divide el nivel de enlace y sus características?

_____

_____

_____

_____

_____

_____

_____

9. ¿Qué técnica es la más usada para asegurar la integridad de la trama?

    a. El redireccionamiento

    b. El control de flujo

    c. El bit de paridad

    d. El pausado de la trama

10. **En las redes de área local que utilizan la topología en estrella se puede afirmar que...**

   a. ... tienen un coste alto en infraestructura.
   b. ... solo puede fallar el concentrador.
   c. ... tienen una alta fiabilidad.
   d. Las opciones a y c son correctas.

11. **¿Qué elemento tiene una influencia importante sobre la velocidad de transmisión?**

   a. El control de transmisión
   b. El modo de transmisión
   c. El medio de transmisión
   d. El modo de transferencia

12. **El medio de transmisión más usado en las redes de área local es**

   a. ... el coaxial.
   b. ... la fibra óptica.
   c. ... el reflexivo.
   d. ... el de cobre de pares trenzados.

13. **¿Qué distancia mínima se debe respetar entre las instalaciones de redes con el resto de las instalaciones?**

   a. 10 cm
   b. 20 cm
   c. 30 cm
   d. 40 cm

14. Indique las características que se deben tener en cuenta para establecer la capacidad de un medio de transmisión.

_____

_____

_____

_____

_____

_____

_____

15. Los armarios dedicados al alojamiento de los equipos de interconexión de la red se caracterizan por

    a. ... tener un tamaño fijo tanto en su anchura como en su altura.

    b. ... ser siempre de plástico.

    c. ... tener una anchura fija de 19".

    d. ... tener una altura fija de 19".

Capítulo 3
Sistemas de cableado estructurado

Contenido

1. Introducción
2. Generalidades
3. Descripción de un sistema de cableado estructurado
4. Categorías y clases
5. Recomendaciones generales sobre los subsistemas
6. Compatibilidad electromagnética
7. Resumen

1. Introducción

El sistema de cableado estructurado es el elemento fundamental para conseguir que funcione una red de comunicaciones, por lo que debe tener la capacidad suficiente para transportar las señales entre los equipos emisores y receptores.

El sistema de cableado mayoritariamente está compuesto por cables trenzados (UTP), cables de fibra óptica y cables coaxiales (poco a poco se van sustituyendo estos últimos).

A la hora de realizar el tendido del cableado, las distancias son un elemento importante que se debe tener en cuenta, debido a las limitaciones en la transmisión por la longitud de los medios.

En una instalación se pueden diferenciar dos tipos de cableado, el horizontal y el vertical *(backbone),* regulados ambos por distintas normativas.

2. Generalidades

Las redes de datos, como elemento fundamental de las comunicaciones empresariales, deben permitir la comunicación entre los diferentes equipos que las integran, garantizando la seguridad y la confidencialidad de los datos.

Los sistemas de cableado utilizados en una red de datos se rigen por una serie de normas encargadas de definir la arquitectura y el funcionamiento de estos que se denominan sistemas de cableado estructurado.

Los sistemas de comunicación se encuentran en una permanente evolución por lo que los sistemas de cableado deben ser capaces de trabajar con las aplicaciones y especificaciones actuales y las que se puedan desarrollar en un futuro, sin necesidad de modificar los sistemas de cableado, para permitir la conectividad de estas redes con otras o internet.

Tanto los sistemas de comunicación como los equipos que integran la red deben seguir unas normas comunes de transmisión de datos, para permitir la interoperabilidad de estos.

2.1. Concepto de sistema de cableado estructurado

Un **sistema de cableado estructurado** (SCE) está compuesto por el conjunto de elementos físicos por los que se realiza la transmisión de los datos entre los diferentes equipos conectados a la red.

Cada puesto de trabajo dispondrá de, al menos, dos líneas de comunicaciones. Todas las conexiones están centralizadas en un habitáculo común, desde el que se repartirá cada servicio al dispositivo que gestiona el servicio.

Sabía que...

La norma EIA/TIA568, referida al cableado de comunicaciones para edificios comerciales, fue publicada en el año 1991.

El estándar EIA/TIA568 regula los aspectos referidos al cableado, los conectores, los bastidores, etc.

La regulación del sistema de cableado se organiza en dos niveles:

- **Cableado horizontal:** cableado tendido desde el bastidor ubicado en el cuarto de comunicaciones hasta cada uno de los puntos situados en los puestos de trabajo.
- **Cableado vertical:** cableado tendido desde los armarios de cada planta hasta el habitáculo en el que se encuentran los equipos para conectar la red con el exterior.

En cada planta se crea una red local conectada en estrella que comunica los equipos de esa planta con el resto de los elementos que integran la instalación de comunicaciones, como *routers,* centralitas, etc.

Se puede decir que mediante el **cableado horizontal** se genera una **topología en estrella** y con el **cableado vertical,** una **topología** *hub.*

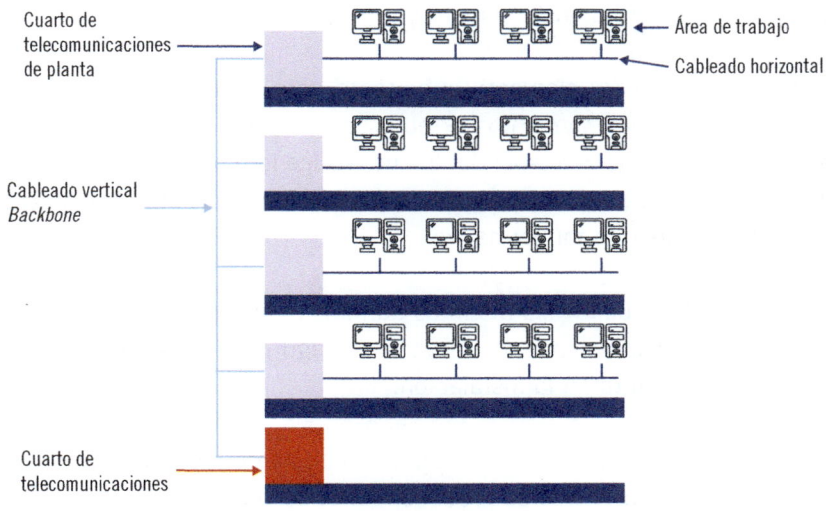

Representación del cableado horizontal y vertical en un edificio

A la hora de diseñar un sistema de cableado estructurado se debe tener en cuenta que inicialmente puede tener un coste alto de instalación, pero que se amortiza con el bajo coste de mantenimiento.

2.2. Ventajas de la normalización

Actualmente toda instalación debe ofrecer un funcionamiento fiable y seguro, de forma que se trate de asegurar su funcionamiento en condiciones normales.

Los sistemas de cableado estructurado están regulados por diferentes normativas, enfocadas todas ellas en asegurar la interoperabilidad de los equipos en cualquier red, siempre que cumpla los requisitos indicados en las mismas.

Los sistemas de cableado estructurado deben respetar la norma **UNE-EN 50173-1:2018,** referida a los sistemas de cableado, en la que se establecen los aspectos mínimos que deben quedar recogidos en un proyecto: memoria, planos, pliego de prescripciones técnicas y presupuesto.

La normalización es un elemento importante para los fabricantes, puesto que les asegura el funcionamiento correcto de sus productos, siempre que cumplan la normativa que corresponda, lo que reduce los costes de fabricación y facilita la comercialización de los productos en los distintos ámbitos geográficos en los que se aplique tal normativa.

La normalización ayuda a las distintas administraciones y organismos públicos al unificar las condiciones de calidad y de seguridad que deben cumplir los elementos que conforman la instalación.

Las normativas son elementos que están en constante revisión y modificación, debido a los cambios que se producen en el sector de las comunicaciones, mejorando las prestaciones que deben ofrecerse a los usuarios de la red o instalación.

 Actividades

1. Realice una tabla comparativa donde se recojan las ventajas e inconvenientes que la normalización presenta en la implantación de una red de telecomunicaciones.

2.3. Objetivos de un sistema de cableado estructurado

Un sistema de cableado estructurado debe proporcionar una interfaz sobre la que puedan ejecutarse los programas y aplicaciones que los usuarios de la red utilicen para desempeñar su trabajo o necesidades de ocio.

Los sistemas de cableado estructurado deben diseñarse para soportar las necesidades actuales y futuras de los usuarios de forma eficiente con unos bajos costes de mantenimiento de la instalación.

Este sistema también debe ser compatible, además, con las redes y equipos existentes en el caso de que se produzca una ampliación o modificación de este.

Se pueden establecer los siguientes objetivos al implantar un sistema de cableado estructurado:

- Configuración de nuevos puestos sin alterar el resto.
- Configuración de distintas topologías, modificando únicamente las conexiones.
- Implantación de nuevos puestos sin necesidad de modificar el resto.
- Reducción del tiempo destinado a la resolución de las averías, al estar unificados los equipos en un punto.

El cableado estructurado se divide en diferentes subsistemas, como se muestra en la imagen siguiente:

Esquema general de sistema de cableado estructurado

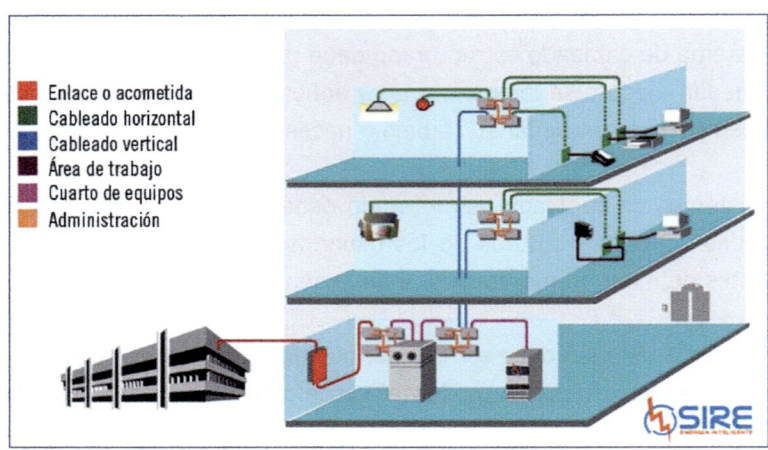

Enlace o acometida
Cableado horizontal
Cableado vertical
Área de trabajo
Cuarto de equipos
Administración

Esquema de un sistema de cableado estructurado (© Respaldodeenergia.com)

2.4. Normativa

Entre toda la normativa que afecta a las instalaciones destinadas a la comunicación entre equipos y a la instalación de los medios físicos, destaca la incluida a continuación.

Normativa referente al cableado

ISO/IEC 11801: tecnología de la información - cableado genérico para las instalaciones de los clientes

UNE-EN 50173: tecnología de la información. Sistemas de cableado genérico

UNE-EN IEC 60793: fibra óptica. Métodos de medición y procedimientos de ensayo. Generalidades y guía

Normativa referente a las canalizaciones y bandejas

UNE-EN 50085: sistemas de canales para cables y sistemas de conductos cerrados de sección no circular para instalaciones eléctricas

UNE-EN 50310: redes de enlace de telecomunicaciones para edificios y otras estructuras

UNE-EN 61386: sistemas de tubos para la conducción de cables

UNE-EN 61537: conducción de cables. Sistemas de bandejas y de bandejas de escalera

Normativa referente a la instalación y puesta a tierra

EN 50346: tecnologías de la información. Instalación de cableado. Ensayo de cableados instalados

UNE-EN 12825: pavimentos elevados registrables

UNE-EN 300253 V2.1.1: ingeniería ambiental (EE). Puesta a tierra y toma de masa de los equipos de telecomunicación en los centros de telecomunicaciones

UNE-EN 50173: tecnología de la información. Sistemas de cableado genérico

UNE-EN 50174: tecnología de la información. Instalación del cableado

UNE-EN 50310: redes de enlace de telecomunicaciones para edificios y otras estructuras

Normativa de compatibilidad electromagnética

UNE-EN 300127 V1.2.1: cuestiones de compatibilidad electromagnética y espectro radioeléctrico (ERM). Ensayos de emisiones radiadas de sistemas de telecomunicación físicamente grandes.

UNE-EN 50561: equipos de comunicación sobre la red eléctrica utilizados en instalaciones de baja tensión. Características de las perturbaciones radioeléctricas. Límites y métodos de medida

UNE-EN 50561: equipos de comunicación sobre la red eléctrica utilizados en instalaciones de baja tensión. Características de las perturbaciones radioeléctricas. Límites y métodos de medida.

UNE-EN 55035: compatibilidad electromagnética de equipos multimedia. Requisitos de inmunidad.

UNE-EN 55035: compatibilidad electromagnética de equipos multimedia. Requisitos de inmunidad.

UNE-EN IEC 61000: compatibilidad electromagnética (CEM).

Normativa de infraestructuras para redes

UNE 133100: infraestructuras para redes de telecomunicaciones.

Normativa de seguridad

UNE-EN 1047: unidades de almacenamiento de seguridad. Clasificación y métodos de ensayo de resistencia al fuego.

UNE-EN 12094: sistemas fijos de lucha contra incendios. Componentes para sistemas de extinción mediante agentes gaseosos.

UNE-EN 12259: sistemas fijos de lucha contra incendios. Componentes para sistemas de rociadores y agua pulverizada.

UNE-EN 50290: cables de comunicación.

UNE-EN 60754: ensayo de los gases desprendidos durante la combustión de materiales procedentes de los cables.

UNE-EN 61034: medida de la densidad de los humos emitidos por cables en combustión bajo condiciones definidas.

UNE-EN IEC 60332: métodos de ensayo para cables eléctricos y cables de fibra óptica sometidos a condiciones de fuego.

UNE-HD 627: cables multiconductores y multipares para instalación en superficie o enterrada.

Hay que recordar que en el diseño y acondicionamiento de las salas de comunicaciones se deben respetar las directrices establecidas en el Código Técnico de la Edificación (CTE) en su documento básico SI (seguridad en caso de incendios)

Disposiciones legales

- Ley 31/1995, de 8 de noviembre, de Prevención de Riesgos Laborales.
- Ley 38/1999, de 5 de noviembre, de Ordenación de la Edificación
- Ley 54/2003, de 12 de diciembre, de reforma del marco normativo de la prevención de riesgos laborales.
- Ley 9/2014, de 9 de mayo, General de Telecomunicaciones.
- Real Decreto 424/2005, de 15 de abril, por el que se aprueba el reglamento sobre las condiciones para la prestación de servicios de comunicaciones electrónicas, el servicio universal y la protección de los usuarios.
- Real Decreto 842/2002, de 2 de agosto, por el que se aprueba el Reglamento Electrotécnico para Baja Tensión.

El listado anterior referencia mayoritariamente a la normativa UNE (Una Norma Española), que se debe cumplir al diseñar e instalar una red de comunicaciones, pero hay otros estándares normativos que también regulan las condiciones que deben cumplir el cableado y las instalaciones, y que no presentan diferencias significativas con la normativa UNE.

Actualmente existen los tres estándares siguientes:

- ANSI/EIA/TIA-568: normativa americana.
- ISO/IEC 11801: estándar internacional.
- EN-50173: normativa europea (basada en la ISO/IEC 11801).

? Sabía que...

La norma EIA/TIA 568-A estableció inicialmente el modelo que seguir para la instalación del cableado estructurado, adoptándola posteriormente la ISO *(International Organization for Standards)* y la IEC *(International Electrotechnical Commission)* bajo la norma ISO/IEC 11801. Se traspuso a la normativa europea en la norma EN-50173.

La normativa ANSI más relevante es la ANSI/TIA-568 (actualmente ANSI/TIA-568D), en la que se establece la asignación de pines para cada cable de par trenzado equilibrado de 8 conductores y 100 Ω. Está compuesta de dos secciones, T568-A y T568-B.

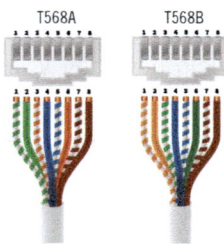

Establecimiento del orden de los cables en los pines del conector RJ45 de acuerdo con las normas T568A y T568B.

En la normativa referente a los sistemas de cableado estructurado, los organismos reguladores más habituales son:

- ANSI – *American National Standards Institute.*
- CENELEC – Comité Europeo de Normalización Electrónica.
- CEN – Comité Europeo de Normalización.
- IEC – Comisión Electrotécnica Internacional.
- ISO – Organización Internacional de Normalización.

La norma EIA/TIA-568 trata de definir un cableado genérico para edificios capaz de utilizarse con cualquier equipo y sobre el que se ofrezcan distintos servicios independientemente del *hardware* que se utilice.

Esta normativa define además los siguientes elementos:

- **Topología:** forma geométrica que indica la relación que existe entre los distintos nodos que conforman la red de comunicaciones.
- **Distancias máximas:** establece para cada tipo de cableado y tecnología utilizada las distancias máximas en las que el servicio se lleva a cabo correctamente y sin fallos.
- **Rendimiento de equipos:** de acuerdo con los equipos que conforman la red, se establece el rendimiento de estos con respecto a la transmisión de los datos.
- **Terminales y tomas:** establece las recomendaciones de ubicación, movilidad y categorías dependiendo del medio físico utilizado.

3. Descripción de un sistema de cableado estructurado

Dentro de un sistema de cableado estructurado se pueden encontrar otros subsistemas, como son:

- Subsistema troncal de campus, identificado como SC.
- Subsistema troncal de edificio, identificado como SE.
- Subsistema horizontal, identificado como SH.
- Subsistema de proveedores de servicios o SX.

Los subsistemas anteriores no están presentes en todas las instalaciones, dependiendo de su estructura y su topología habrá distintos subsistemas.

Por ejemplo, si se quiere realizar la instalación en un edificio de oficinas, estarán presentes el subsistema troncal de edificio (SE) y el subsistema horizontal (SH).

3.1. Subsistemas de cableado

Los subsistemas que se integran dentro del cableado estructurado se estructuran de acuerdo con los siguientes subsistemas:

- **Subsistema de administración:** dentro de este subsistemas se encuentran todos los equipos y elementos necesarios para el funcionamiento correcto de la red de comunicaciones, como por ejemplo los repartidores, los cuadros eléctricos, los SAI, los armarios de conexión con el proveedor de servicios, etc.
- **Subsistema de cableado horizontal:** en el que se agrupa el cableado que se extiende desde el cuarto de comunicaciones de planta hasta cada puesto de trabajo. Aquí se encuentran los elementos mecánicos necesarios para el cableado horizontal, el propio cableado, los latiguillos y el punto de acceso.
- **Subsistema de cableado vertical:** se encarga de unir los distintos cuartos de comunicaciones que se ubican en cada una de las plantas del edificio. Se suele denominar *backbones*.
- **Subsistema de campus:** es el cableado y los elementos necesarios para conectar distintos edificios.

3.2. Elementos funcionales

La norma ANSI/TIA/EIA-568-A, que es la que regula el cableado estructurado, define una estructura jerárquica compuesta por seis subsistemas funcionales y que corresponden con:

1. **Acometida o instalación de entrada.** Es el punto de acceso a la instalación desde el exterior del edificio. En este punto se suele definir la barrera que separa las responsabilidades y propiedad de la instalación entre el proveedor y el cliente.
2. **Cuarto de comunicaciones.** Habitáculo en el que se encuentran los equipos de telecomunicaciones, como la centralita telefónica, el *router* del proveedor, el SAI, etc.

3. **Cableado vertical o *backbone*.** Cableado encargado de interconectar los distintos habitáculos sitos en cada una de las plantas con el resto de la instalación, incluyendo los conectores y el cableado necesario de los equipos.

4. **Cuarto de comunicaciones de planta.** Punto de la instalación en el que terminan los cables usados para la distribución horizontal y se conectan con el cableado vertical. En este cuarto también se encuentran los equipos de interconexión necesarios.

5. **Cableado horizontal.** Medio físico utilizado para conectar las tomas sitas en los puestos de trabajo con los equipos sitos en el cuarto de comunicaciones de planta. Dentro de este cableado se deben tener en cuenta las distintas variedades que se pueden encontrar atendiendo a las necesidades de cada puesto de trabajo.

6. **Puesto de trabajo.** Cableado que interconecta la toma en la que finaliza el cableado horizontal con el equipo de trabajo. Este cable tiene la característica de que su longitud siempre debe ser menor a los 5 m.

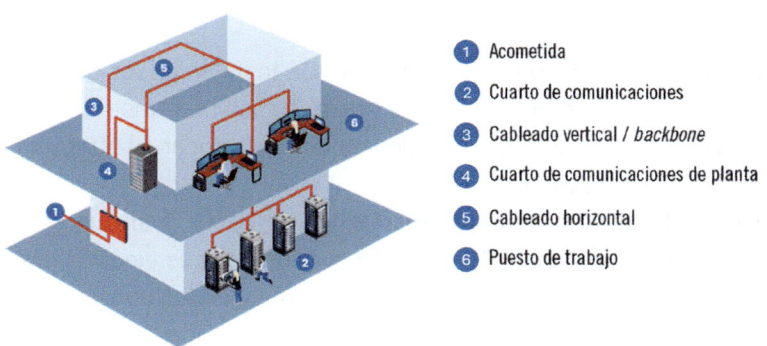

1. Acometida
2. Cuarto de comunicaciones
3. Cableado vertical / *backbone*
4. Cuarto de comunicaciones de planta
5. Cableado horizontal
6. Puesto de trabajo

Identificación de los elementos funcionales de una instalación

 **Actividades**

2. Establezca los equipos que deben integrarse en cada uno de los apartados que componen el sistema de cableado estructurado.

3. Investigue acerca de las condiciones que debe reunir un cuarto de comunicaciones.

3.3. Subsistema de campus

El subsistema de campus es la parte de sistema de cableado estructurado que se encuentra entre el repartidor o distribuido del campus hasta el distribuidor del edificio.

En este subsistema se encuentra:

- **El cableado de campus.** Mayoritariamente en esta parte de las instalaciones se utiliza como medio físico el cable de fibra óptica debido a que:

  - A los cables de fibra óptica no les afectan las interferencias electromagnéticas.
  - No hay problemas de diferencias de potencial debidas a las tomas de tierra independientes de cada edificio.
  - Se trabaja con distancias superiores a los 90 metros. que es el máximo que se puede usar con el cableado Ethernet de pares trenzados.

- **El *patch panel* o panel de conexión.** Se instalan en los distintos armarios, tanto de campus como de edificio. Tienen unas medidas estandarizadas de 19" de anchura. Se recomienda identificar en ellos el cableado, su origen y destino.
- **Los latiguillos o *patch cords*.** Cables de hasta 3 m que se usan para conectar los paneles de conexión con los equipos electrónicos que gestionan los datos de la red. Estos latiguillos pueden conectarse atendiendo a los estándares ANSI/TIA-T568A. Si en los dos extremos del cableado usan el mismo estándar, se define el latiguillo directo; si el estándar es diferente, se denomina latiguillo cruzado.

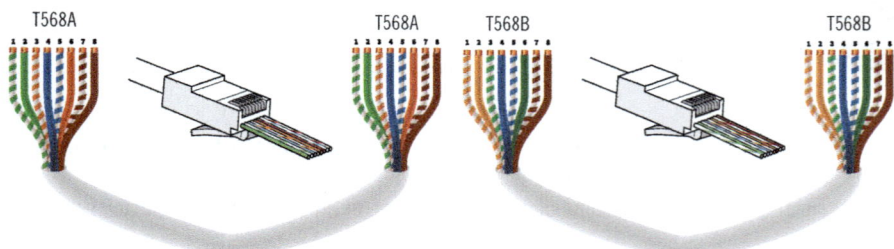

Conexión en los extremos de cableado directo

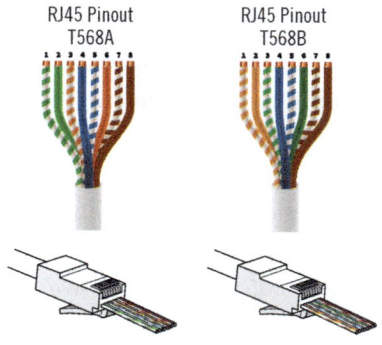

Conexión en los extremos de cableado cruzado

3.4. Subsistema de cableado vertical

El subsistema de cableado vertical es la parte de la instalación que conecta cada una de las salas de comunicaciones de cada una de las plantas del edificio, incluyendo los medios de sujeción, el propio cableado, los terminales y cualquier otro material necesario.

Esta parte de la instalación debe planificarse con mucho cuidado, puesto que un fallo en este subsistema dejaría a toda la instalación sin servicio.

Habitualmente, este subsistema trabaja mayoritariamente con cableado de fibra óptica, por las ventajas expuestas en el apartado referido al subsistema del campus.

3.5. Subsistema de cableado horizontal

El cableado horizontal es el que transcurre paralelo al suelo a través de canaletas, tubos o incluso directamente si se trata de suelo técnico o por los techos de la edificación.

Este tipo de cableado, según la norma TIA/EIA 568, es el que se extiende desde el área de trabajo hasta el cuarto de comunicaciones. Incluye los conectores, las terminaciones, las canalizaciones, los elementos de auxiliares de sujeción, la toma o roseta de conexión y todas las interconexiones que se realicen en el intermedio del trazado horizontal.

En el cableado horizontal se debe respetar la regla que indica que este no puede superar los 100 m de distancia máxima entre el equipo del usuario hasta el *switch* de interconexión. Habitualmente estas distancias máximas se reparten de la siguiente manera:

- Máximo de 5 m de distancia entre el equipo del usuario y la roseta.
- Máximo de 90 m entre la roseta y el *patch panel*.
- Máximo de 5 m entre el *patch panel* y el *switch*.

El cableado horizontal mayoritariamente suele estar formado por cable de pares trenzados, que es influenciable por las interferencias electromagnéticas y el ruido que se puede generar debido a las distancias, por lo que se deben respetar las distancias entre este tipo de cableado con otras instalaciones que puedan afectarles como motores, equipos de calefacción y aire acondicionado, instalaciones eléctricas, etc.

3.6. Cableado de puesto de trabajo

El cableado del puesto de trabajo está integrado por todos los elementos encargados de conectar el equipo del usuario con la roseta en la que finaliza el cableado horizontal.

 Importante

Dentro del cableado del puesto de trabajo no se incluyen las tarjetas de red ni los elementos necesarios para establecer la conectividad de los equipos de los usuarios.

Habitualmente en este grupo se encuentran:

- **Latiguillo de par trenzado.** Definido por la categoría del cable y su longitud. Las clases más habituales suelen ser Cat6 y Cat6a, de longitudes comprendidas entre 1 y 3 m. Habitualmente vienen con los conectores RJ45 instalados de fábrica.

- *Pigtail* o **latiguillo de fibra óptica.** Suelen tener una longitud de entre 1 y 3 m y están fabricados en fibra multimodo. Habitualmente vienen con los conectores de tipo LC o SC, instalados de fábrica.

Los conectores RJ45 son los utilizados para las redes de transmisión de datos y los RJ11 para las instalaciones de telefonía.

3.7. Interfaces de un sistema de cableado

La interfaz de un sistema de cableado estructurado son los puntos finales del medio físico que se utilizan para conectar ambos extremos. Marcan el final de un subsistema y el inicio del otro.

En una instalación se pueden encontrar las siguientes interfaces:

- La interfaz de sujeción de los equipos con los armarios a través del bastidor.
- Los latiguillos de conexión con los conectores en sus extremos.
- Las interfaces del puesto de trabajo que integran las tomas eléctricas y las de conexión a la red de comunicaciones (estas pueden ubicarse empotradas, en superficie, integradas en el suelo técnico o en torretas).

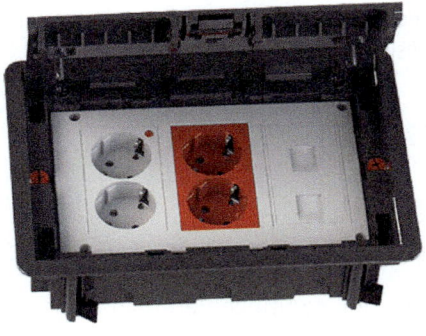

Interfaz de puesto de trabajo
para ubicar en suelo técnico
(© Cablecel.com)

Actividades

4. Realice el esquema de una instalación de cableado estructurado identificando los subsistemas que intervienen en ella.

Aplicación práctica

Imagine que debe realizar unas modificaciones en la red de telecomunicaciones de una empresa que tiene tres sedes separadas entre sí 350 m. El edificio 1 tiene 3 plantas; los edificios 2 y 3 tienen 2 y 4 plantas, respectivamente. Puesto que esta instalación no la realizó usted, el primer paso que quiere dar es identificar los sistemas existentes. ¿Qué subsistemas normalizados cree que se encontraría en la topología del sistema de cableado estructurado de esa empresa?

SOLUCIÓN

El enunciado indica que son tres sedes, por lo que se puede establecer que existe:

- Un subsistema de campus (SC), que es el encargado de interconectar los edificios
- Un subsistema de edificio (SE), que es el encargado de interconectar los subsistemas horizontales de un edificio
- Un subsistema horizontal de planta en cada edificio, debido a que en cada edificio se encuentran distintas plantas
- Un subsistema de cableado de puesto de trabajo, en el que se conectarán los equipos con las tomas finales de los usuarios

4. Categorías y clases

El cableado y los conectores que se utilicen en la instalación determinarán las prestaciones de la red, con lo cual se deben seleccionar adecuadamente la categoría y los conectores adecuados, puesto que ambos deben tener la misma categoría.

4.1. Categorías: definición y características

Se define categoría como el grupo de características que cumple un cable, un *patch panel,* un conector o cualquier otro elemento que intervenga en la transmisión de los datos por la red.

En toda instalación de telecomunicaciones debe asegurarse que todos los elementos tienen la misma categoría u otra superior, para garantizar las prestaciones de la red y no reducirlas debido a la instalación de elementos de una categoría inferior.

 Sabía que...

El cableado de cobre de pares trenzados ha ido evolucionando: ha pasado de los cables de categoría 1 con un ancho de banda de 100 kHz que se destinaba a los servicios de ADSL hasta el actual de categoría 8e que admite un ancho de banda de 2 GHz.

Entre los cables más populares se encuentran los siguientes:

- **Cableado de categorías 5 y 5e**. Ha sido el más utilizado en las redes de telecomunicaciones. Este cable trabaja con frecuencias de 100 MHz con capacidades de transmisión entre 100 Mbps (categoría 5) y 1.000 Mbps (categoría 5e).
- **Cableado de categorías 6 y 6a**. Se lanzaron en el año 2002 y son la opción más recomendable para las instalaciones actuales. El cable de categoría 6 trabaja en la frecuencia de 250 MHz y tiene una capacidad de transmisión de 1.000 Mbps. El cable de categoría 6a trabaja en la frecuencia de 500 MHz y tiene una capacidad de transmisión de 10.000 Mbps.
- **Cableado de categorías 7 y 7a.** Es una versión mejorada del cableado de categoría 6 y 6a, a los que les aumenta la capacidad. Este modelo de cable no está muy implantado debido en gran parte a que se debe utilizar

un conector especial tanto en el propio cable como en los equipos de la instalación. Los cables de categoría 7 y 7a tienen una capacidad de transmisión de 10.000 Mbps y una frecuencia de 600 MHz para el cable de categoría 7 y 1.000 MHz para el de categoría 7a.

- **Cableado de categoría 8.** Es una versión mejorada del cableado de las categorías anteriores y utiliza el conector RJ45. No se recomienda para entornos domésticos ni para pequeñas empresas debido al alto coste de los materiales. Los cables de categoría 8 tienen una capacidad de transmisión de 40.000 Mbps y una frecuencia de 2 GHz.

Conector TERA para cable categoría 7

Los cables de fibra óptica también se categorizan de acuerdo con el tipo de fibra, así se pueden distinguir los que se describen a continuación.

Fibra monomodo

OS1

Los cables de fibra óptica OS1 se utilizan en el interior de las edificaciones, sobre todo por su facilidad de instalación. Los usos más habituales son fibra hasta el escritorio (FTTD), fibra hasta el hogar (FTTH) y fibra hasta el nodo (FTTN).

Estos cables de fibra incorporan un revestimiento de fibra que los protege contra el aplastamiento y aumenta su resistencia al fuego. El estándar OS1 admite velocidades de hasta 10 GHz y distancias máximas de 10 km.

OS2

Los cables de fibra óptica OS2 se utilizan en aplicaciones de larga distancia o exteriores, como líneas troncales y líneas de retorno de fibra óptica. Están diseñados para instalarlos en tubos o conductos.

El estándar OS2 admite velocidades de hasta 100 G y distancias de hasta 200 km.

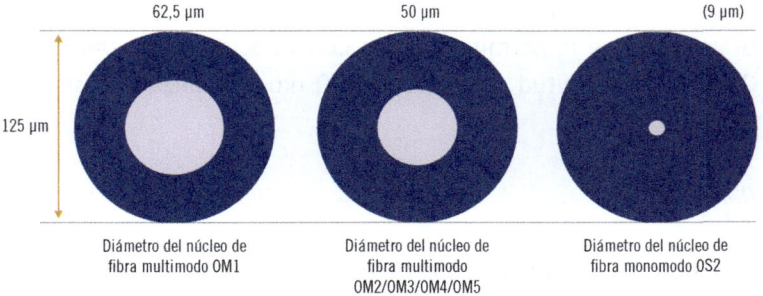

Secciones de cables de fibras multimodo y monomodo

Fibra multimodo

OM1

El cable de fibra OM1 es el cable de fibra más utilizado en las redes privadas y de área local. Es fácilmente reconocible por su cubierta exterior de color naranja.

Puede admitir velocidades de hasta 1 Gbps a distancias de una longitud de onda de 850 nm y cubrir distancias máximas de 300 m.

OM2

Los cables de fibra óptica OM2 mejoran la fibra OM1, gracias a la ampliación de su diámetro de núcleo a 50 µm, lo que le permite soportar velocidades de datos de hasta 1 Gbps en una longitud de onda de 850 nm y distancias máximas de 600 m.

Al igual que la fibra óptica OM1, también tiene un recubrimiento exterior de color naranja.

OM3

Los cables de fibra OM3 son cables multimodo optimizados para láser y se utilizan comúnmente en redes de fibra mayores. Pueden identificarse fácilmente por su recubrimiento exterior aguamarina.

Su diferencia con la fibra OM2 es que su núcleo tiene un diámetro de 50 µm, lo que le permite trabajar con velocidades de datos de hasta 10 Gbps a una longitud de onda de 850 nm y alcanzar distancias de hasta 300 m.

OM4

Este cable multimodo también está optimizado para láser. Admite velocidades de datos de hasta 10 Gbps a una longitud de onda de 850 nm y con una distancia máxima de 550 m.

Al igual que el cable OM3, tiene un recubrimiento exterior de color aguamarina.

OM5

Este cable utiliza una gama más amplia de longitudes de onda, entre 850 nm y 953 nm. Es compatible con el cableado OM3 y OM4.

Este cable se identifica por su color, verde lima.

Tipo de cable	Color del forro	Color del conector/ adaptador	Ejemplo
OM1	Naranja	Beije	
OM3	Aqua	Aqua	
OM4	Aqua	Aqua	
	Violeta jaspeado	Violeta jaspeado	
OM5	Verde lima	Beige	
OS1 / OS2	Amarillo	Azul	
OS1a / OS2 (APC)	Amarillo	Verde	

Identificación de la fibra óptica y del conector por color (© C3comunicaciones.com)

Actividades

5. Establezca el código de colores de un conector RJ45 según la norma 568-A y 568-B.
6. Investigue acerca de las categorías de cableado de cobre de pares trenzado y de fibra óptica que se encuentran en desarrollo.

Aplicación práctica

Le acaban de llamar del Departamento de Mantenimiento. Han cambiado un latiguillo de conexión cruzada de un ordenador porque el conector RJ45 tenía rota la patilla, pero al conectarlo de nuevo no consiguen que ese equipo se conecte a la red. Piden que les envíe una foto de los conectores antes de revisar la configuración y le mandan la siguiente tabla:

Contacto	Conector 1	Conector 2
1	Blanco/naranja	Verde
2	Naranja	Blanco/verde
3	Blanco/verde	Blanco/naranja
4	Azul	Azul
5	Blanco/azul	Blanco/azul
6	Verde	Naranja
7	Blanco/marrón	Blanco/marrón
8	Marrón	Marrón

¿Puede indicar dónde está el error?

SOLUCIÓN

El error se localiza en los pines 1 y 2 del segundo conector, que tiene los conductores erróneos. El orden correcto es:

Contacto	Conector 1	Conector 2
1	Blanco/naranja	Blanco/verde
2	Naranja	Verde
3	Blanco/verde	Blanco/naranja

Continúa en página siguiente >>

<< Viene de página anterior

Contacto	Conector 1	Conector 2
4	Azul	Azul
5	Blanco/azul	Blanco/azul
6	Verde	Naranja
7	Blanco/marrón	Blanco/marrón
8	Marrón	Marrón

4.2. Clases de enlace y canales: definiciones y características

El enlace es la parte del cableado comprendido entre los extremos de dos interfaces utilizadas como puntos de prueba. En una instalación corresponderá al cableado comprendido entre el *patch panel* y el conector del puesto de trabajo.

El canal es la parte de la instalación que incluye el enlace permanente y los latiguillos de cada uno de los extremos.

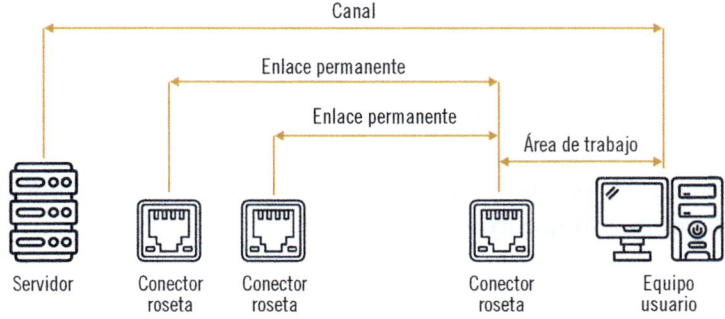

Identificación del canal y del enlace dentro de una instalación

4.3. Clasificación de los enlaces y canales

La clase de un canal o un enlace son las características de transmisión que tiene el enlace o el canal, dependiendo de los elementos que integran ese enlace, el canal, los materiales utilizados y los procedimientos de instalación ejecutados.

En todas las instalaciones se debe tratar de mantener la misma clase o superior en los enlaces y en los canales.

Las clases se definen tanto en los cables de cobre de pares trenzados cono en los de fibra óptica.

Se establecen seis clases de canales o enlaces:

Clase del enlace o canal	Frecuencia máxima	Impedancia	Clase del componente
Clase A	100 kHz	100 o 120 Ω	
Clase B	1 MHz	100 o 120 Ω	
Clase C	16 MHz	100 o 120 Ω	Categoría 3
Clase D	100 MHz	100 Ω	Categoría 5e
Clase E	250 MHz	100 Ω	Categoría 6
Clase EA	500 MHz	100 Ω	Categoría 6a
Clase F	600 MHz	100 Ω	Categoría 7
Clase FA	1.000 MHz	100 Ω	Categoría 7a

La medición de la clase de un enlace o canal se realizará siempre utilizando las interfaces de test que existan en la red.

Los enlaces y canales de una clase determinada deben soportar las aplicaciones de las clases inmediatamente anteriores.

La categoría del cable influye, positiva o negativamente, sobre la velocidad de transmisión.

4.4. Longitudes máximas de canales y enlaces permanentes

Las longitudes máximas de los canales y los enlaces permanentes se determinan por:

- El tipo de medio de transmisión, fibra o par trenzado.
- Velocidad máxima de transferencia o aplicaciones que utilizar.

La longitud máxima permitida, independientemente del medio utilizado, es de 90 m medidos, desde la roseta del puesto de trabajo hasta el *rack* del cuarto de comunicaciones.

La longitud máxima de los latiguillos de conexión del cableado vertical y horizontal es de 6 m y los que interconectan los equipos será de 3 m como máximo, al igual que en el *rack*.

En los puestos de trabajo, si el medio es un cable de fibra óptica, la distancia máxima es de 1 m, 30 cm si es cable de cobre de pares trenzados.

Actividades

7. Realice un esquema en el que se recojan las distancias máximas que se contemplan en el cableado estructurado dependiendo de si se hace referencia a un enlace o a un canal.

5. Recomendaciones generales sobre los subsistemas

Los subsistemas de cableado estructurado están regulados por distintas normativas que definen el diseño, los equipos, los procedimientos de instalación y mantenimiento, y cualesquiera otros aspectos enfocados en lograr que la red funcione correctamente.

La norma más importante es la ISO/IEC 11801, que establece los requisitos básicos que debe cumplir un cableado estructurado para tratar de garantizar el correcto funcionamiento de los protocolos de transmisión de datos. Se organiza en seis apartados:

- **ISO/IEC 11801-1:2017** Tecnologías de la información – Cableado estructurado – Parte 1: requisitos generales.
- **ISO/IEC 11801-2:2017** Tecnologías de la información – Cableado estructurado – Parte 2: locales de oficinas.
- **ISO/IEC 11801-3:2017** Tecnologías de la información – Cableado estructurado – Parte 3: industria.
- **ISO/IEC 11801-4:2017** Tecnologías de la información – Cableado estructurado – Parte 4: edificios residenciales.
- **ISO/IEC 11801-5:2017** Tecnologías de la información – Cableado estructurado – Parte 5: centros de datos.
- **ISO/IEC 11801-6:2017** Tecnologías de la información – Cableado estructurado – Parte 6: servicios distribuidos

5.1. Distancias máximas de cada subsistema

De acuerdo la normativa ISO/IEC 11801, las distancias máximas que se pueden alcanzar con cada subsistema son:

- Subsistema de campus 1.500 m (habitualmente se realizará con cableado de fibra óptica).
- Subsistema vertical o *backbone* 90 m (si se realiza con cable de cobre de pares trenzados, aunque se pueden alcanzar los 300 m si se realiza con fibra óptica monomodo).
- Subsistema horizontal 100 m (en el caso de cable de cobre de pares trenzados, repartidos dos latiguillos de 5 m y 90 m correspondientes al enlace).

 Aplicación práctica

En su empresa se va a crear un nuevo puesto dentro del Departamento de Logística, por lo que le piden que enumere los elementos de la red necesarios para ese puesto de trabajo, cumpliendo la normativa vigente.

SOLUCIÓN

Al ser un nuevo puesto se debe realizar el tendido e instalación del subsistema horizontal, desde el repartidor hasta cada toma de usuario. Se instalarán cuatro tomas de usuario (ordenador, impresora, teléfono y reserva).

Posteriormente se instalarán los latiguillos de 5 m de longitud como máximo para efectuar la unión de cada toma con el equipo correspondiente.

5.2. Tipos de cables y usos recomendados

Como se ha indicado anteriormente, en las instalaciones destinadas a gestionar la comunicación entre los distintos equipamientos y dispositivos el cableado más usado es el de cobre de pares trenzados, aunque también se puede encontrar el cable de fibra óptica. Ambos tipos de cableado se normalizan en la ANSI/TIA/EIA-568-A.

Los cables de pares trenzados habitualmente son cables UTP de categoría 6 y 6A, aunque no hay que descartar los cables STP y FTP.

Los cables de fibra óptica pueden ser:

- Fibra multimodo OM3 y OM4
- Fibra monomodo OS1 y OS2

 Para saber más

En la siguiente página web se encuentra disponible un manual de ayuda para la aplicación del cableado estructurado. Acceda a través del enlace:

https://redirectoronline.com/uf18700301

En algunas instalaciones se puede encontrar cableado coaxial, que se instalaba originariamente en este tipo de instalaciones, aunque actualmente ha quedado en desuso.

Tipos de cables de pares trenzados

Los cables de cobre de pares trenzados se clasifican en:

- **UTP – cable de pares trenzados sin apantallar** *(Unshielded Twisted Pair)*
  Es un cable normal que tiene un bajo coste. Es muy flexible y manejable, pero presenta el inconveniente de que genera una mayor cantidad de fallos en la transmisión y su alcance está limitado a distancias cortas. La categoría del cable determina la calidad de la transmisión: cuanto mayor sea la categoría, mayor capacidad de transmisión tiene.
- **FTP – cable de par trenzado apantallado** *(Foiled Twisted Pair)*
  Este tipo de cable, a diferencia del UTP, dispone de un apantallamiento global (a los cuatro pares) que protege a los conductores contra las interferencias eléctricas.
- **STP – cable de par trenzado apantallado** *(Shield Twisted Pair)*
  Este cable llega cada par de cables envuelto en una pantalla metálica. Posteriormente lleva cubiertos los cuatro pares con una lámina blindada, que se encarga de reducir la tasa de errores y las interferencias que afectan al cable.

Tipos de cables de fibra óptica

Los cables de fibra óptica se clasifican atendiendo a su índice de refracción en:

- **Monomodo (o unimodal)**
  Este tipo de cable únicamente permite un modo de propagación, una única longitud de onda en el núcleo de la fibra. Se utiliza en grandes distancias, puesto que, al no existir otras transmisiones dentro de la fibra, no hay distorsión de los datos, lo que garantiza que lleguen perfectamente los datos del equipo emisor al receptor.
- **Multimodo**
  Este tipo de cable permite varios modos de propagación gracias al aumento del núcleo de la fibra. Se utiliza para distancias cortas, puesto que pueden producirse solapamientos o interferencias entre las distintas longitudes de onda.

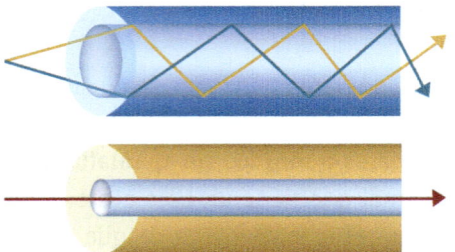

Transmisión de los haces de luz en los cables de fibra óptica

Actividades

8. Realice una tabla en la que se recoja para cada categoría de cable de cobre de pares trenzados las velocidades máximas de transmisión y los usos habituales.
9. Elabore un documento en el que aparezcan resumidos los distintos tipos de conectores tanto para cable de fibra óptica como de pares trenzados.

Aplicación práctica

En el taller mecánico en el que trabaja se están produciendo una serie de fallos en la transmisión de los datos desde el servidor hasta el equipo que se encuentra en el almacén. Después de analizar las posibles causas se han dado cuenta de que, paralelamente a la instalación de la red eléctrica y por la misma bandeja, se ha instalado el cableado de comunicaciones. ¿Cómo resolvería el problema?

SOLUCIÓN

En este caso se debe respetar la separación mínima de 20 cm entre las instalaciones eléctricas y las de telecomunicaciones, por lo que, para garantizar que no se producen interferencias en el cableado, se debería asegurar esta distancia. En el caso de que no fuese posible, habría que instalar cableado blindado SFTP, que protege cada par de cables

Continúa en página siguiente >>

<< Viene de página anterior

y el conjunto de todos ellos mediante un blindaje que provoca que las interferencias no afecten a la transmisión de los datos por el cableado.

Otra posibilidad es realizar la instalación utilizando cableado de fibra óptica en aquel al que le afecten las interferencias electromagnéticas.

5.3. Paneles distribuidores de planta

Los paneles distribuidores de planta son los elementos encargados de conectar el subsistema horizontal con la electrónica de red de la planta, lo que provoca que deben dimensionarse adecuadamente para prever posibles ampliaciones de la red.

Los elementos que intervienen deben respetar la categoría correspondiente a la velocidad de transmisión global de los elementos que componen la instalación.

Para su instalación se debe tener en cuenta lo siguiente:

- La **distancia máxima** entre el distribuidor de planta y la toma del usuario no puede exceder de los 90 m.
- Su **ubicación** será en el cuarto de telecomunicaciones de la planta y a poder ser lo más centrado posible en la misma.
- El **número** de repartidores que se instalarán dependerá de la cantidad de tomas de la planta teniendo en cuenta que cada puesto de trabajo debe tener al menos 2 tomas.
- Prever **ampliaciones** por lo que se deben dejar repartidores libres para futuras aplicaciones.
- Como **mínimo** se instalará un repartidor por planta.

Los paneles distribuidores para el cableado de cobre de pares trenzados se denominan paneles de parcheo y los paneles para el cableado de fibra óptica se denominan bandejas, en cuyo interior se alojan los carretes de conectores.

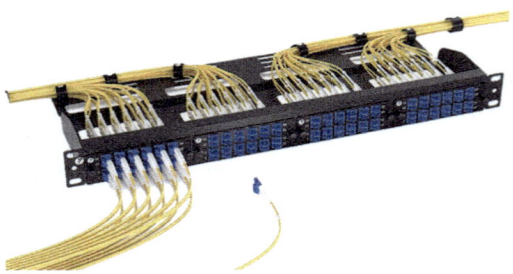

Panel de adaptadores FHD, 96 fibras OS2 monomodo (© Fs.com)

Aplicación práctica

Se pretende instalar un sistema de cableado estructurado en dos edificios separados entre sí. Se quiere dotar de un sistema de cableado estructurado a dos edificios de 2 alturas cada uno y separados entre sí 410 m.

El número de tomas de cada edificio se reparte conforme a la siguiente distribución:

Edificio	Planta	Tomas
Edificio 1	1	22
Edificio 1	2	49
Edificio 2	1	10
Edificio 2	2	36

En cada planta se ubica un cuarto de telecomunicaciones. La distancia mayor desde el cuarto de telecomunicaciones y la toma de usuario es de 60 m.

La distancia entre plantas no supera los 5 m.

Indique la tipología del cableado y la cantidad de repartidores de 24 puertos que se deben instalar en cada planta.

Continúa en página siguiente >>

<< Viene de página anterior

SOLUCIÓN

Para el **subsistema de campus (SC)** se debe emplear cableado de fibra óptica, al superarse los 350 m de distancia entre edificios.

En este subsistema hay que instalar un adaptador de panel con al menos 4 fibras, dos en uso y otras dos de repuesto.

Para el **subsistema de edificio (SE)** se debe instalar un repartidor para cada edificio.

Se puede utilizar cableado de cobre de pares trenzados, puesto que la distancia entre el cuarto de comunicaciones y la toma de usuario más lejana no supera los 100 m. Lo más recomendable es instalar un cable de categoría 6a como mínimo, aunque puede instalarse otro de categoría superior.

Para el **subsistema de planta (SH)** hay que instalar los repartidores correspondientes que tengan la capacidad de alojar el número de tomas sitas en casa una de las plantas. En el enunciado se indica que deben ser de 24 puertos, por lo que se obtiene que en cada planta son necesarios:

Edificio	Planta	Tomas	N.º repartidores
Edificio 1	1	22	1
Edificio 1	2	49	3
Edificio 2	1	10	1
Edificio 2	2	36	2

El **cableado** que hay que utilizar debe ser como mínimo de categoría 6a o superior.

5.4. Tomas de usuario en el área de trabajo

Las tomas de usuario o finales son los elementos en los que se conectan los equipos del usuario con la instalación mediante los latiguillos.

Por ser la última parte de la instalación, no debe ver reducida su capacidad de transmisión, por lo que los cables y medios deben respetar la categoría de la instalación.

Recuerde

La longitud máxima del cableado horizontal es de 90 m, sin tener en cuenta los latiguillos que conectan los equipos con las tomas finales.

Entre los aspectos que se deben valorar para diseñar la instalación y la ubicación de las tomas de usuario están los siguientes:

- Se han de instalar dos tomas como mínimo por cada puesto de trabajo previsto.
- En cada habitáculo o despacho deben existir dos tomas de usuario como mínimo.
- Por cada 10 m^2 útiles o fracción se deben instalar dos tomas de usuario como mínimo.

Para el cableado de cobre de pares trenzados se usarán, como norma general, los conectores RJ45 (en el caso de cableado de fibra óptica serán conectores LC dúplex o SC dúplex).

Cable de fibra óptica LC/PC

Actividades

10. Investigue acerca de las condiciones eléctricas que debe reunir un habitáculo que se vaya a destinar a cuarto de comunicaciones.

 **Aplicación práctica**

Tiene que realizar la instalación y la configuración de una red de comunicaciones en una empresa que carece de uno, ya que hasta ese momento no era necesario. ¿Qué pasos seguiría para llevarla a cabo?

SOLUCIÓN

El proceso que debería seguirse es:

1. Diseño de la instalación.
2. Enumeración de los materiales necesarios.
3. Solicitud de los materiales a los proveedores.
4. Tendido del cableado.
5. Conexionado de los equipos y de las tomas de usuario.
6. Certificación y testeo de la instalación.
7. Entrega de la instalación al propietario.

5.5. Cableado troncal de campus y edificios

El cableado troncal de campus y edificios es el que extiende la red local a varios edificios, lo que convierte la red local (LAN) en una red más amplia (MAN), manteniendo las funcionalidades implementadas en la primera.

Habitualmente se utiliza como medio de transmisión el cableado de fibra óptica, debido en gran parte a las limitaciones de longitud que presenta el cableado de cobre de pares trenzados.

En este tipo de cableado se utilizan topologías en anillo, en las que se establece un anillo principal y otro secundario de apoyo para el caso en el que el principal deje de funcionar, bien por avería o porque haya que realizarle un mantenimiento programado.

Los equipos de distribución deben situarse en habitáculos de mayor tamaño que los destinados al cableado horizontal para alojar los elementos de distribución, los equipos electrónicos de telefonía y un área de trabajo suficiente para realizar las reparaciones e instalaciones de equipamientos.

5.6. Armarios y salas de equipos. Principales elementos activos

Todos los elementos que integran la parte electrónica encargada de que la red funcione correctamente se deben alojar en los armarios ubicados en los cuartos de telecomunicaciones.

Estos habitáculos deben tener una superficie mínima que permita alojar a los equipos y trabajar en los mismos, además de estar restringidos a las personas responsables de su mantenimiento para lo cual deberán contar con un cierre en sus puertas.

Además de las dimensiones de los habitáculos en los que se ubican los equipos, también debe cumplirse lo siguiente:

- Ha de existir un cuarto de telecomunicaciones por planta, en el que se alojen los elementos del subsistema horizontal.
- Debe existir un cuatro de telecomunicaciones como mínimo por edificio y campus.
- Se puede unificar el cuarto de telecomunicaciones del edificio con el de la planta si su superficie es suficiente para albergar todos los equipos de ambos subsistemas.
- Los cuartos de telecomunicaciones deben alejarse lo máximo posible de aquellos elementos y cuartos de servicios que puedan generar interferencias electromagnéticas en la instalación, y en caso de que no sea posible incorporar elementos de protección.
- Debe estar climatizado tanto en las estaciones frías como en las cálidas.

■ Los cuartos de planta deben ubicarse en la misma vertical del edificio para facilitar el tendido del cableado y a poder ser lo más centrados posible en la planta.

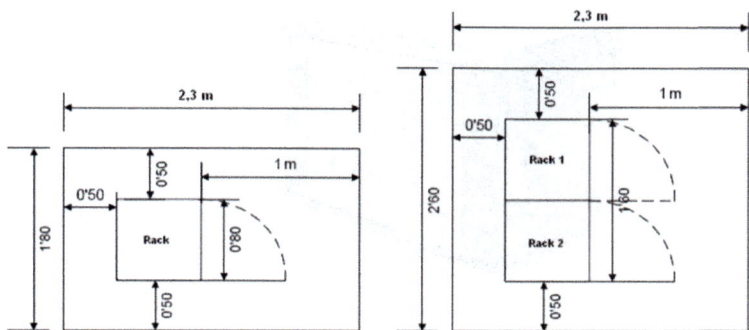

Ejemplos para la ubicación de uno o dos armarios de comunicaciones con las dimensiones 0,8 x 0,8 m.

Los armarios deben tener una anchura mínima de 600 mm y un fondo mínimo de 800 mm. Su altura varía dependiendo del número de equipos que aloje, que puede ser hasta un máximo de 42 U.

Además:

■ Tienen que disponer de sistema de ventilación con un sistema que regule la temperatura del interior.
■ Han de estar provistos de cierres laterales con cerradura desmontables.
■ La puerta trasera debe ser microperforada y la delantera debe ser de cristal.
■ Debe tener acceso al cableado desde la parte superior y desde la parte inferior.
■ Incorporará dos perfiles delanteros y traseros, de forma que al modificar los traseros se ajuste la profundidad del armario. Debe permitir un mínimo de tres medidas de profundidad.
■ La terminación debe ser rectangular, sin cantos vivos ni lacados defectuosos.

Los armarios deben respetar una distancia mínima a cualquier pared de 1 m para facilitar el montaje y mantenimiento de los equipos en el interior del armario.

Armario de 6U donde se aprecian las condiciones mínimas que debe tener un armario. (© Cablematic.com)

 Actividades

11. Investigue cómo se ha llegado a la normalización de la altura de los armarios utilizando la U como unidad de medida.
12. Busque en internet distintos fabricantes de armarios de telecomunicaciones y compruebe que cumplen las condiciones mínimas definidas en el punto anterior.

5.7. Acometidas de redes públicas y privadas en los edificios

La acometida es la parte de la instalación en la que se conecta el operador de telecomunicaciones a la red privada.

Para que lleve a cabo sin problemas se debe disponer de un grupo de canalizaciones que permitan acceder al cuarto de telecomunicaciones, donde se encontrará un repartidor que mediante los latiguillos conectará la red privada a la red del operador.

Este punto es el que establece la responsabilidad del operador y del cliente sobre la instalación.

En los edificios, la normativa que regula la acometida de los servicios de telecomunicación por parte de los operadores es el Reglamento Regulador de las Infraestructuras Comunes de Telecomunicaciones (ICT), aprobado por el Real Decreto 346/2011, de 11 de marzo.

 Actividades

13. Realice un resumen con las condiciones que establece el ICT con respecto a las acometidas de los servicios de telecomunicaciones.

5.8. Etiquetado de los cables

La norma EIA/TIA-606 especifica que las terminaciones deben tener una etiqueta que las identifique de forma exclusiva. Un cable tiene dos extremos por lo que se deben identificar ambos de forma inequívoca.

Se recomienda la identificación de los terminales mediante un sistema que permita descifrar su origen y su final. Por ejemplo, se puede etiquetar un cable con el identificador 01RS02-05RS4, que indicará que el cable corresponde al instalado desde la roseta (RS) 02 de la sala 01 hasta la roseta 4 de la sala 05.

En las salas 01 y 05 las rosetas se identificarán respectivamente como 01RS02 y 05RS4.

El etiquetado de los cables es un elemento primordial que ayuda en las tareas de mantenimiento y reparación de los enlaces.

 Actividades

14. Investigue acerca de las distintas opciones que existen en el mercado para identificar los cables.
15. Dibuje un armario de telecomunicaciones en el que se integren tres servidores de 5 U, un sistema de alimentación ininterrumpida de 6 U y un sistema eléctrico de enchufes y protecciones de 3 U.
16. Establezca un sistema de etiquetado para una red de comunicaciones de su oficina en la que todas las tomas de usuario se conecten al mismo armario de comunicaciones.

6. Compatibilidad electromagnética

El cableado es propenso a generar campos electromagnéticos que afectan al resto de elementos que se sitúan a su alrededor, por lo que se debe tener en cuenta a la hora de realizar el tendido de nuevas instalaciones.

La compatibilidad electromagnética está regulada a nivel europeo por las siguientes normas:

- **Directiva 2004/108/CE,** del Parlamento Europeo y del Consejo, de 15 de diciembre de 2004, relativa a la aproximación de las legislaciones de los Estados miembros en materia de compatibilidad electromagnética y por la que se deroga la Directiva 89/336/CEE.
- **Directiva 2014/30/UE** del Parlamento Europeo y del Consejo, de 26 de febrero de 2014, sobre la armonización de las legislaciones de los Estados miembros en materia de compatibilidad electromagnética.

En España, es el Real Decreto 186/2016, de 6 de mayo, el que regula la compatibilidad electromagnética de los equipos eléctricos y electrónicos.

Para evitar las interferencias electromagnéticas se recomienda respetar las siguientes distancias:

- 1,2 m con los centros de transformación y motores eléctricos.
- 20 cm con los cables de suministro eléctrico de corriente alterna hasta 2 KVA.
- 30 cm con los cables de suministro eléctrico de corriente alterna entre 2 KVA y 5 KVA.
- 90 cm con los cables de suministro eléctrico de corriente alterna de más de 5 KVA.
- 12 cm con instalaciones que incluyan alumbrados fluorescentes (las conducciones deben ir perpendiculares al suministro).
- 12 centímetros con instalaciones de intercomunicación.
- 1 m con equipos de soldadura.
- 1,2 m con equipos de aire acondicionado, ventiladores o calentadores.
- La distancia máxima posible con fuentes de radiofrecuencia.

7. Resumen

El sistema de cableado es el elemento básico para que se puedan transmitir los datos por una red de comunicaciones, por lo que debe tener la capacidad suficiente para transportar las señales entre los equipos emisores y receptores.

Un sistema de cableado estructurado se compone de los elementos físicos que se utilizan para llevar a cabo la transmisión de los datos entre los equipos conectados a la red.

El cableado se clasifica en:

- **Cableado horizontal:** desde el bastidor del cuarto de comunicaciones hasta cada puesto de trabajo.
- **Cableado vertical:** que une los armarios de comunicaciones de cada planta con los de otras plantas.

Los sistemas de cableado estructurado deben respetar distintos estándares entre los que destacan:

- ANSI/EIA/TIA-568: normativa americana
- ISO/IEC 11801: estándar internacional
- EN-50173: normativa europea (basada en la ISO/IEC 11801)

Dentro de un sistema de cableado estructurado se encuentran otros subsistemas:

- Subsistema troncal de campus, identificado como SC.
- Subsistema troncal de edificio, identificado como SE.
- Subsistema horizontal, identificado como SH.
- Subsistema de proveedores de servicios o SX.

La norma ANSI/TIA/EIA-568-A, que regula el cableado estructurado, define una estructura jerárquica compuesta por seis subsistemas funcionales:

- **Acometida o instalación de entrada.** Punto de acceso a la instalación desde el exterior del edificio.
- **Cuarto de comunicaciones.** Habitáculo en el que se encuentran los equipos de telecomunicaciones.
- **Cableado vertical o *backbone*.** Cableado encargado de interconectar cada una de las plantas con el resto de la instalación.
- **Cuarto de comunicaciones de planta.** Punto de la instalación en el que se conecta el cableado horizontal con el vertical.

- **Cableado horizontal.** Medio físico utilizado para conectar las tomas de los puestos de trabajo con los equipos del cuarto de comunicaciones de planta.
- **Puesto de trabajo.** Cableado que interconecta la toma en la que finaliza el cableado horizontal con el equipo de trabajo.

Cuando se habla de categoría, se hace referencia al grupo de características que cumple un cable, un *patch panel,* un conector o cualquier otro elemento que intervenga en la transmisión de los datos por la red.

Las tomas de usuario o finales son los elementos en los que se conectan los equipos del usuario con la instalación mediante los latiguillos.

El cableado troncal de campus y edificios es el que extiende la red local a varios edificios, lo que convierte la red local (LAN) en una red más amplia (MAN), manteniendo las funcionalidades implementadas en la primera.

La acometida establece la responsabilidad del operador y del cliente sobre la instalación.

En España, es el Real Decreto 186/2016, de 6 de mayo, el que regula la compatibilidad electromagnética de los equipos eléctricos y electrónicos.

Ejercicios de repaso y autoevaluación

1. **Un elemento importante que se debe tener en cuenta al realizar el tendido del cable es:**

   a. La longitud del medio físico.
   b. La cantidad de equipos que conectar.
   c. La inversión que quiera realizar la empresa.
   d. El precio del metro de cable

2. **Un puesto de trabajo debe disponer al menos de...**

   a. ... una línea de comunicación.
   b. ... dos líneas de comunicación.
   c. ... tres líneas de comunicación.
   d. ... cuatro líneas de comunicación.

3. **Indique los niveles en los que se organza el sistema de cableado.**

   _____
   _____
   _____
   _____

4. **Complete**

   Se puede decir que mediante el cableado _____ se genera una _____
   en _____ y con el cableado _____ una topología _____.

5. **Los aspectos mínimos que se deben incorporar en un proyecto se definen en la norma...**

   a. ... UNE-EN 50173-1.
   b. ... ISO 9001.
   c. ... ISO 9004
   d. ... SCE 1991.

6. Indique los objetivos que se persiguen al implantar un sistema de cableado estructurado.

_____
_____
_____
_____
_____
_____
_____

7. Enumere los distintos estándares que existen para regular el cableado estructurado.

_____
_____
_____
_____

8. El subsistema que agrupa el cableado desde el cuarto de comunicaciones de planta hasta cada puesto de trabajo es:

   a. El subsistema de cableado vertical.
   b. El subsistema de cableado horizontal.
   c. El subsistema de administración.
   d. El subsistema de gestión.

9. De acuerdo con la norma ANSI/TIA/EIA-568, el cableado estructurado se compone de...

   a. ... dos subsistemas funcionales.
   b. ... cuatro subsistemas funcionales.
   c. ... seis subsistemas funcionales.
   d. ... ocho subsistemas funcionales.

10. **El subsistema que establece la frontera entre la responsabilidad del usuario y el proveedor de los servicios de internet es:**

    a. El esquema de la instalación.
    b. El cuarto de comunicaciones de planta.
    c. El cableado vertical o *backbone*.
    d. La acometida o instalación de entrada.

11. **Indique las ventajas por las que se utiliza el cableado de fibra óptica en el cableado de campus.**

12. **La longitud habitual de los latiguillos conexión es de...**

    a. ... entre 1 y 3 m en los cables de cobre de pares trenzados.
    b. ... entre 4 y 6 m en los cables de fibra óptica y cobre.
    c. ... entre 1 y 3 m en los cables de fibra óptica.
    d. Las opciones a y c son correctas.

13. **Indique las distintas interfaces que se pueden encontrar en un sistema de cableado.**

14. El cableado que trabaja en la frecuencia de 250 MHz es el de categoría...

    a. ... 2.
    b. ... 3.
    c. ... 5 y 5a.
    d. ... 6 y 6a.

15. La norma que regula los requisitos básicos que debe cumplir el cableado estructurado es:

    a. ISO 1806
    b. ISO 9001
    c. ISO/IEC 11801
    d. Código Técnico de la Edificación

Capítulo 4
El proyecto telemático

Contenido

1. Introducción
2. Definición y objetivos
3. Estructura general de un proyecto telemático
4. Técnicas de entrevista y de recogida de información
5. El estudio de viabilidad técnico-económica
6. El informe de diagnóstico. Fases
7. Desarrollo del proyecto telemático
8. Resumen

1. Introducción

Todo proyecto necesita de una etapa inicial de planificación, en la que se establecerán las condiciones del proyecto, la temporalización, los presupuestos, la selección de materiales y el proceso que se va a seguir para implantarla.

Dentro de los elementos que conforman un proyecto telemático, se deben tener en cuenta las necesidades del usuario de la red, para, una vez definidas, seleccionar los equipos y materiales de la instalación, que se ubicarán mediante los planos de la instalación, sin olvidarse de las condiciones de los servicios que debe prestar el proveedor de comunicaciones para conectar la red a internet. Estas necesidades determinarán el ancho de banda, la velocidad de transmisión y por supuesto el precio que se debe pagar por el servicio.

Las redes de comunicación se han convertido en piezas fundamentales en el desarrollo y organización de las empresas, por lo que deben diseñarse de forma que sean capaces de soportar las aplicaciones, actuales y futuras, necesarias.

2. Definición y objetivos

Tras una serie de reuniones con el cliente, se define el proyecto por parte del responsable de este, que será el encargado de desarrollarlo, para lo cual se puede apoyar en otras personas para alcanzar la mejor planificación de este. Una vez definido el proyecto, se le presentará al cliente para comprobar que se ajusta a sus necesidades.

Un proyecto telemático debe tratar de conseguir, como mínimo, los siguientes objetivos:

- Asegurar la implantación correcta de la infraestructura, equipos y servicios que permitan utilizar la red de comunicaciones.
- Garantizar el mantenimiento de la red de comunicaciones.
- Facilitar ampliaciones o mejoras de la red de comunicaciones.
- Permitir la interconexión con otros sistemas o arquitecturas de red.
- Asegurar la eficiencia del sistema.

Para tratar de conseguir que un proyecto sea exitoso, en su definición se establecen las siguientes etapas:

- **Planificar** tanto los recursos humanos como físicos, atendiendo a las necesidades de los clientes y al presupuesto indicado.
- **Optimizar** los recursos y su coste, para que no influyan negativamente en el desarrollo del proyecto.
- **Evaluar** los resultados del desarrollo del proyecto y tomar decisiones en caso de que no se cumplan los objetivos.

2.- Planificación Definición y planificación detallada.

4.- Control Medir, supervisar regularmente el avance.

1.- Inicio Definición preliminar y autorización formal.

3.- Ejecución Llevar acabo el plan de gestión del proyecto.

5.- Cierre Formalizar la aceptación.

Ciclo de vida de un proyecto

Los proyectos deben recoger el análisis de las necesidades del cliente, las soluciones técnicas y las pautas de mantenimiento que se deben llevar a cabo sobre la instalación para garantizar su correcto funcionamiento.

En la mayoría de los proyectos se recogen los siguientes aspectos:

- **Alcance:** este requisito se corresponde con la motivación por la que el cliente lleva a cabo la implantación de la red de comunicaciones. Aunque no es un apartado del proyecto, se incluye para contextualizar el motivo por el cual se lleva a cabo la implantación de la red de comunicaciones.
- **Estudio de viabilidad:** se analizan las distintas soluciones que se pueden implantar, teniendo en cuenta los requisitos del proyecto y las funcionalidades que debe integrar la red.

- **Análisis:** se deben describir con la mayor minuciosidad posible las condiciones de la instalación, requisitos, objetivos, etc.
- **Diseño:** en este apartado se establecerán las herramientas, aplicaciones y la arquitectura de la instalación desde el punto de vista técnico.
- **Desarrollo:** programación de los trabajos necesarios para implementar en la red, instalación del cableado y de los equipos. Dentro de este apartado se pueden recoger distintas opciones, si se prevé la existencia de problemas que se hayan producido en otras instalaciones similares.
- **Puesta en marcha y pruebas:** una vez instalado el sistema se deben llevar a cabo las pruebas y certificaciones de la instalación, antes de que se le entregue al usuario para que la utilice con normalidad. En esta fase puede que sea necesario realizar retoques en la instalación o configuración, para asegurar el funcionamiento o el cumplimiento de los estándares establecidos en las certificaciones.
- **Mantenimiento:** se deben analizar y definir las soluciones a los posibles fallos que se produzcan en la red en su uso habitual, tanto a nivel de cableado como de *software.*

 Definición

Proyecto telemático
Es el documento en el que se recogen los datos de la instalación, su infraestructura y las aplicaciones que se van a utilizar en la red de telecomunicaciones.

En el proyecto debe quedar recogida toda la normativa que afecte a la instalación, al montaje y al mantenimiento de esta.

Actividades

1. Plantee los objetivos para realizar una instalación de comunicaciones en una pequeña empresa en la que se prevén tres puestos de trabajo.

3. Estructura general de un proyecto telemático

Como se ha establecido en el punto anterior, el proyecto telemático es un documento en el que se detallan todos los aspectos relacionados con la infraestructura y las aplicaciones que se vayan a utilizar en la red.

Como otros proyectos, el proyecto telemático se estructura en diferentes fases:

- **Fase 1:** establecimiento de las especificaciones por el cliente.
  Se definen los servicios y funcionalidades necesarias para que las personas usuarias de la red puedan trabajar con ella.
- **Fase 2:** descripción de las soluciones técnicas que cumplan con las especificaciones del cliente.
  Se enumeran y describen las distintas soluciones técnicas que se han contemplado para realizar la implementación de la red de comunicaciones, explicando el motivo por el cual se ha seleccionado la opción adoptada en el proyecto.
- **Fase 3:** redacción de proyecto telemático.
  Establecimiento de la estructura del proyecto y de las distintas responsabilidades de las personas que intervienen en el proyecto.
  Definición y temporalización de las actividades de acuerdo con las funcionalidades y las responsabilidades adoptadas por las personas encargadas de llevarlas a cabo.
  Calendarización de las actividades y asignación de los recursos necesarios para llevarlas a cabo. Habitualmente esta tarea se lleva a cabo por el jefe de proyecto a través de un diagrama de GANTT.
  Se difunde el proyecto entre todas las personas y entidades que participen.

- **Fase 4:** ejecución e implementación del proyecto telemático.

  Se ejecuta el proyecto.

  Se procede a la evaluación y el control de las distintas actividades que se llevan a cabo dentro de la calendarización del proyecto. Se llevan a cabo las acciones correctoras que fuesen necesarias.

- **Fase 5:** comprobación y certificación final de la instalación.

  Se comprueban y se certifican los distintos elementos de la instalación de acuerdo con las especificaciones del cliente, normativas y cualquier otra condición recogida en el proyecto telemático.

4. Técnicas de entrevista y de recogida de información

El primer paso para desarrollar un proyecto telemático es conocer las necesidades o la configuración de la red que quiere el cliente.

Este aspecto debe tratarse con cuidado, puesto que un error en el análisis de las necesidades o especificaciones del cliente puede provocar que la solución adoptada no sea la más adecuada, o incluso que el proyecto tenga un impacto negativo.

Es fundamental entender y asesorar correctamente a los clientes, puesto que muchas veces estos desconocen los equipos y la normativa que se debe cumplir. Se le debe proporcionar una solución efectiva que cumpla tanto sus exigencias, actuales y futuras, y el cumplimiento normativo.

Habitualmente para la recogida de la información con el cliente se utiliza:

- **Encuesta:** se utiliza cuando se desea recopilar información de un grupo de usuarios. Posteriormente se analizan las respuestas obtenidas de forma individual.
- **Entrevista:** ayuda a entender el problema que tiene el cliente de primera mano, por lo que se debe seleccionar a la persona responsable o que mayor cantidad de información tenga acerca de los objetivos o necesidades del cliente.

- **Experimentación:** es un proceso mediante el cual se recopila la información de acuerdo con las experiencias previas de las personas responsables de definir el proyecto.
- **Observación:** se obtiene la información mediante el análisis del comportamiento de las personas que trabajan sobre la red de comunicaciones.

 Actividades

2. Plantee las preguntas que le realizaría a un cliente que le ha llamado para que le realice el proyecto de instalación de una red de telecomunicaciones en su oficina.

5. El estudio de viabilidad técnico-económica

Una vez analizadas las necesidades y especificaciones del cliente, es el momento de seleccionar la mejor opción de entre las que se han planteado en el proyecto de comunicaciones. Dentro de esa opción se debe establecer el presupuesto que recoja el coste que tiene que llevar a cabo esa instalación, aspecto que se realiza mediante un estudio de viabilidad técnico-económica.

Según las exigencias del cliente, este estudio será más complejo y tendrá un coste mayor. Habitualmente se condiciona la solución a implementar de acuerdo con el presupuesto disponible por parte del cliente, lo que provoca que en muchas ocasiones las modificaciones futuras de la instalación sean más costosas, puesto que los equipos instalados no son válidos para esa instalación.

Todo estudio de viabilidad debe recoger los siguientes aspectos:

- Estado inicial de la instalación en cuanto a *hardware* y *software.*
- El problema que se quiere solucionar.
- Los requisitos que se deben cumplir con la solución del problema.
- Las particularidades de los usuarios.
- Las restricciones del sistema y los hábitos de los usuarios.

El estudio de viabilidad debe incorporar las distintas propuestas, de forma que sea el cliente el que, conociendo sus necesidades, su problemática y sus necesidades, tome la decisión final que implementar, para lo que es habitual que se asesore por personal propio, de la empresa instaladora o de la que ha llevado a cabo el proyecto.

El estudio de viabilidad debe incorporar los siguientes apartados:

- **Resumen ejecutivo:** en él se recogerá un resumen de las opciones que se presentan en el informe de fácil interpretación y se resumen las opciones contenidas en el informe de viabilidad.
- **Informe económico:** se recogerá en detalle del coste de las soluciones propuestas. Es habitual incluir distintas alternativas a las propuestas, sobre todo en materiales que son más económicos y que no reducen las prestaciones de la red. Dentro de este apartado se deben incorporar todos los costes del proyecto.
- **Informe funcional:** es el sistema de funcionamiento de los distintos equipos y elementos que integran la instalación.
- **Informe legal:** se definen las normativas, en distintos aspectos, que regulan la instalación, utilización, mantenimiento y certificación de la instalación, y los datos que se transmiten por esta.
- **Informe técnico:** se enumeran los aspectos que han provocado la selección de una de las opciones.

Los aspectos técnicos deciden en gran medida la propuesta más adecuada a las necesidades del cliente. Esto, junto con el informe económico, es lo que lleva a seleccionar la opción de las incluidas en el estudio de viabilidad.

1	Punto de partida	Hará un resumen del producto o servicio que va a lanzar al mercado
2	Análisis del mercado	Es uno de los puntos clave, sin mercado no hay negocio.
3	Personal y proceso productivo	Se concretará cuál será la estructura de la empresa.

Continúa en página siguiente >>

<< Viene de página anterior

4	Comunicación, marketing y publicidad	Una buena estrategia de marketing y comunicación, es fundamental.
5	Estudio económico y financiero	Lo necesitas para conocer la rentabilidad de tu negocio.
6	Análisis DAFO	Sabrás desde dónde partes y cuáles serán tus retos futuros.

Pasos que seguir para elaborar un plan de viabilidad.

 Actividades

3. Relacione las distintas etapas del plan de viabilidad con las correspondientes al proceso de compra de un producto.

6. El informe de diagnóstico. Fases

El informe de diagnóstico es el documento que se realiza para obtener información del punto inicial de la instalación antes de efectuar sobre ella cualquier trabajo.

Con este informe se pretende:

- Conocer, en el caso de que existan, el estado de la infraestructura y las aplicaciones instaladas.
- Proponer la solución técnica más adecuada a las necesidades y exigencias planteadas por el cliente.
- A continuación, se desarrollarán las distintas fases que integran el informe de diagnóstico.

6.1. Recogida de información. El documento requisitos de usuario

En esta fase se trata de recoger la mayor cantidad de información acerca de los materiales y equipos instalados, así como de las nuevas exigencias en un documento, para analizarlo posteriormente y generar las distintas opciones a llevar a cabo.

Esta fase recopila datos acerca de:

- Estructura de equipos y usuarios.
- Arquitectura del sistema.
- Sistemas de acceso y seguridad de los equipos.
- Inventario de equipos.
- Listado de usuarios y permisos de acceso.
- Recopilación de la documentación existente de la instalación.

Dependiendo de la cantidad y la calidad de los datos recopilados en esta fase, se puede garantizar el éxito o fracaso del proyecto. Para tratar de asegurar que la toma de datos se realiza correctamente, es recomendable que las empresas definan un procedimiento en el cual se recojan los aspectos que se deben evaluar y controlar.

 Importante

Dentro de la fase de diagnóstico hay que recabar la mayor cantidad de información posible para garantizar que la propuesta técnica seleccionada se adecúe a las necesidades del cliente.

Para llevar a cabo la recogida de los datos se deben cumplir con unos requisitos, que se clasifican en:

- **Funcionales:** hacen referencia a las tareas debe llevar a cabo el equipo o sistema.
- **No funcionales:** hacen referencia a las restricciones del equipo o sistema.

 Aplicación práctica

Identifique los subsistemas normalizados que se pueden encontrar en un sistema de cableado estructurado de una librería en la que se quiere implantar un sistema informático de cobre o mediante el uso del código de barras para identificar y pagar los productos.

SOLUCIÓN

Requisitos funcionales

- El sistema debe tener definido el precio de cada producto.
- El sistema debe calcular el total de los productos seleccionados.
- El sistema debe avisar en el caso de que exista alguna incidencia.
- El sistema debe ser sencillo de utilizar.
- Los productos deben incorporar un código de barras único.

Requisitos no funcionales

- Los usuarios no deben poder acceder a la base de datos donde se almacenan los códigos y precios de productos.
- Los trabajadores no deben poder acceder a las transacciones realizadas por otros usuarios.

Información sobre la organización

Dentro de la información que se debe recoger de la empresa y que se debe de incorporar en el informe de diagnóstico se encuentra:

- La organización de la empresa.
- Los usuarios con conexión a la red.
- Los servicios y los privilegios de cada uno de los usuarios.
- El análisis de los flujos de información entre equipos y equipos/usuarios.

Dependiendo del tamaño de la empresa y la profundidad de los elementos analizados, el informe será más o menos complejo. La información que se recoge en ese informe se agrupa en:

- **Informaciones básicas,** que se recogen habitualmente mediante una plantilla de datos de forma rápida.
- **Informaciones detalladas,** se utilizan para ampliar las informaciones básicas y analizarlas en profundidad.

Las personas responsables de realizar un informe se pueden apoyar en las personas que trabajan en la empresa, informes, manuales de procedimientos, formularios y cualquier otro elemento del que puedan obtener información relevante.

Habitualmente el elemento más utilizado son las entrevistas, en las que, mediante una serie de preguntas, se tratará de definir el objetivo principal el objetivo deseado por el cliente.

 Actividades

4. ¿Qué preguntas le haría a un cliente que le ha solicitado que le realice la instalación de dos nuevos puestos de trabajo en su oficina?

Inventario de equipos *hardware* y servicios de telecomunicaciones

Un apartado importante, sobre todo cuando se trata de ampliaciones o modificaciones de las redes existentes, es el inventario de los equipos instalados y los servicios que se utilizan.

Se deben inventariar todos los elementos y los aspectos relacionados con la arquitectura del sistema. Es habitual que el responsable de mantenimiento de la red tenga este inventario actualizado e informatizado, recogiendo las características de los elementos que integran la red de telecomunicaciones.

Importante

A la hora de realizar un inventario, además de los números de serie, también se deben recoger las características, el estado, etc. del cableado, los equipos y aplicaciones de la red.

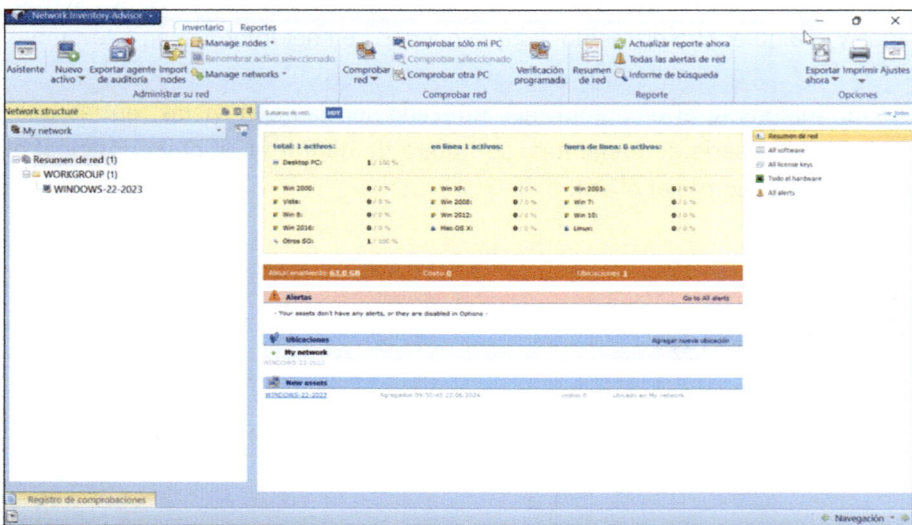

Pantalla del programa Network Inventory Advisor, donde se realiza un inventario de los dispositivos de una red

Para inventariar los servicios de telecomunicaciones se debe revisar lo contratado con el proveedor de servicios, donde se refleja el ancho de banda contratado y las condiciones de prestación del servicio por parte del proveedor de telecomunicaciones.

 Actividades

5. Realice un listado en el que se recojan distintas aplicaciones de ayuda para realizar un inventario de los equipos y servicios existentes en una red de telecomunicaciones.

Sistemas de red

Es importante conocer los equipos y sistemas que están instalados y, sobre todo, el estado en el que se encuentran, para valorar su idoneidad en el proyecto telemático que se va a llevar a cabo.

Es fundamental analizar los siguientes aspectos:

- Cableado existente:

    - Cantidad
    - Ubicación
    - Estado
    - Canalizaciones

- Topología de la red:

    - Elementos que integran la red (*hubs, switches, routers,* etc.)
    - Estado de los elementos
    - Ubicación física de los elementos

- Sistemas operativos utilizados
- Grupos, privilegios y permisos de los usuarios

Para inventariar los distintos elementos que integran un sistema de red, se recomienda la realización de un inventario manual que recorra todos los cuartos de comunicaciones para obtener la relación de los equipos y sus características, como la marca y el modelo, el número de puertos, la velocidad, la existencia de puertos opcionales, la ubicación física, la antigüedad y las condiciones de los cuartos de comunicaciones, identificando las condiciones de limpieza, climatización, suciedad, etc.

Toda la información recopilada se plasmará en un mapa de red, para analizar la situación inicial y evaluar si la propuesta ofrecida cumple los requisitos planteados inicialmente.

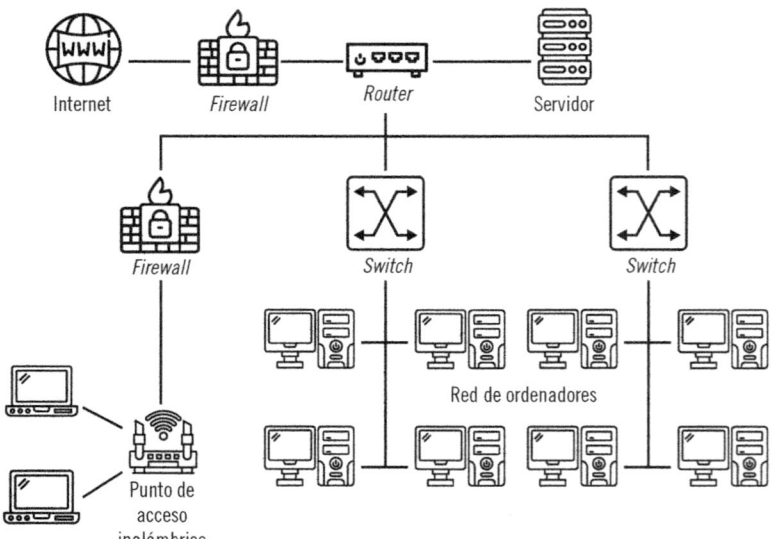

Mapa de red de una instalación

Aplicación práctica

En la red de telecomunicaciones de una empresa se ha detectado que los tiempos de respuesta del servidor son elevados. Se ha localizado un cuello de botella cuando se transmiten los datos desde los equipos hacia el servidor, lo que provoca que no se efectúe correctamente la transmisión de los datos. ¿Qué propuesta de solución sería adecuada?

SOLUCIÓN

Según los síntomas indicados por las personas que utilizan la red, se puede pensar en que el problema se ubica en el ancho de banda del cableado y del servidor, por lo que habría que aumentar la categoría del cableado, de forma que pueda garantizar velocidades de, al menos, 100 Mbps.

Si no se solucionase el problema modificando el cableado, se deberían instalar equipos que permitieran velocidades de 100 Mbps o 1 Gbps para aumentar las velocidades de transferencia de los datos hacia los servidores.

Seguridad informática

Gracias a internet y a las redes de telecomunicaciones, tanto las personas como los equipos tienen la capacidad de compartir y acceder a la información necesaria para trabajar o utilizar las aplicaciones en cualquier momento.

Con el paso del tiempo la información se ha convertido en un elemento de valor, por lo que han aparecido personas dedicadas a hacerse con ella y aplicaciones que acceden a la información. Esto hace obligatorio contar con distintos elementos de *software* y de *hardware* que protejan la información y el acceso indebido a ella.

Cuando se hable de seguridad informática se hace referencia a tres conceptos, que se relacionan entre sí:

- **Vulnerabilidad:** debilidad de un sistema, que permite que sea atacado y que se produzca un daño en él.

- **Amenaza:** posibilidad de que un sistema vulnerable sea atacado y sufra daños.
- **Riesgo:** posibilidad de que un sistema sufra un incidente de seguridad y que se materialice causándole al elemento atacado una serie de daños.

Los tres conceptos anteriores se relacionan de la siguiente manera:

$$Riesgo = vulnerabilidad \times amenaza$$

Importante

El riesgo es la posibilidad de que se materialice una amenaza a causa de una vulnerabilidad en el sistema.

Aplicación práctica

Identifique la vulnerabilidad del sistema, la amenaza y el riesgo existente en un centro escolar en el que todos los equipos informáticos utilizan el mismo usuario y contraseña para asegurar que cualquier trabajador pueda acceder a la información si lo necesitase.

SOLUCIÓN

La vulnerabilidad es la falta de un procedimiento que establece el uso y creación de contraseñas individuales para cada trabajador.

La amenaza es la posibilidad de que el centro sufra un ataque y se descubran las contraseñas por un tercero, y que este las utilice con fines maliciosos.

Continúa en página siguiente >>

<< Viene de página anterior

El riesgo es que se lleve a cabo la amenaza y que se explote la vulnerabilidad, lo que significaría que el tercero hubiera accedido al sistema una vez descifrada la contraseña.

Las vulnerabilidades ponen en riesgo los datos y los sistemas empresariales, comprometiendo su integridad, disponibilidad y privacidad, que tienen la ventaja de que se pueden solventar una vez que son descubiertas.

El ataque a un sistema vulnerable puede llevarse a cabo a través de:

- **Amenazas persistentes avanzadas.** Son ataques coordinados a una empresa para robar sus datos mediante el uso de la denominada ingeniería social.
- **Ataques de denegación de servicio (DDoS).** Consisten en el colapso de un servidor por la realización de una gran cantidad de peticiones que no es capaz de resolver, lo que provoca que quede fuera de servicio.
- **Código malicioso.** Mediante este ataque se trata de acceder a los servidores en los que se almacenan los datos sensibles de los usuarios para robar esa información.
- **Negligencia.** Se debe a los errores humanos y al incumplimiento de las políticas y normas de seguridad establecidas en la gestión y acceso a los datos de los servidores y aplicaciones de la empresa.
- *Phishing* **o robo de identidad.** La amenaza consiste en engañar al usuario para que facilite de forma involuntaria sus credenciales de acceso a un tercero, que las utilizará de forma fraudulenta.
- **Robo de identidad**. Mediante el engaño al usuario se trata de que este facilite sus credenciales de acceso al sistema a otro usuario, que las usará para acceder al sistema de manera fraudulenta.

 **Definición**

Ingeniería social
Uso de distintas técnicas de manipulación que utiliza un ciberdelincuente para obtener información confidencial de un usuario.

En el estudio de la seguridad de la red, se pueden definirse las siguientes medidas de seguridad:

- **Realización de una auditoría de seguridad inicial,** de forma que se identifiquen las vulnerabilidades y las amenazas de los sistemas que se deben proteger.
- **Aplicación de las medidas** que eliminen las vulnerabilidades.
- **Formación del personal** para reducir los errores humanos y fomentar las buenas prácticas.
- **Establecimiento de los protocolos** en caso de que se materialice una amenaza.
- **Definición de una política de seguridad,** de forma que todo el personal la conozca y la cumpla.
- **Integración de la seguridad** en todos los procesos empresariales, para reducir el riesgo de que se produzcan.
- **Utilización de herramientas y aplicaciones** que protejan los sistemas como *firewalls, antimalware,* doble autenticación, etc.
- **Implantación de herramientas de monitorización** para detectar las amenazas y reaccionar de forma inmediata para reducir su impacto.
- **Registro y documentación** de todos los eventos relacionados con la seguridad.
- **Confirmación** de que los proveedores cuentan con certificaciones o tienen implantados altos niveles de seguridad.

Para tratar de asegurar las comunicaciones, se cifran los datos de forma que el mensaje es exclusivamente comprensible por el destinatario, que es el único que conoce esa clave mediante el uso de la criptografía.

La **criptografía** es una técnica mediante la cual se le aplica un algoritmo matemático (clave del algoritmo) a un documento original para obtener otro documento cifrado (no legible), que es el que se transmite.

 **Importante**

La clave del algoritmo es el elemento que fortalece la seguridad de los datos, puesto que cada una es exclusiva para cada elemento que se transmite.

Si un atacante intercepta la información que se transmite y conoce la clave del algoritmo, podrá acceder a la información. Para tratar de conocer la clave del algoritmo, los atacantes utilizan los denominados "ataques de fuerza bruta", que consisten en la prueba de una gran cantidad de combinaciones de símbolos y caracteres hasta dar con la clave buscada.

Entre las características que debe cumplir una clave de cifrado están:

- La clave de cifrado debe tener la máxima longitud posible, como pueden ser las claves de 1024 o 2048 bytes, que necesitan una gran cantidad de recursos de *hardware,* lo que provoca la desmotivación del atacante.
- Cambiar las claves de forma regular, lo que provoca que las claves de cifrado se cambien.
- Utilizar caracteres especiales junto con números y caracteres alfanuméricos para dificultar el descifrado.
- No utilizar palabras conocidas, fechas de nacimiento o aniversarios, etc. que permitan asociar la clave a la persona atacada.
- Limitar los intentos de acceso fallidos en un espacio de tiempo.
- Usar una criptografía asimétrica, de forma que las claves de cifrado sean distintas en el cifrado y en el descifrado del mensaje.

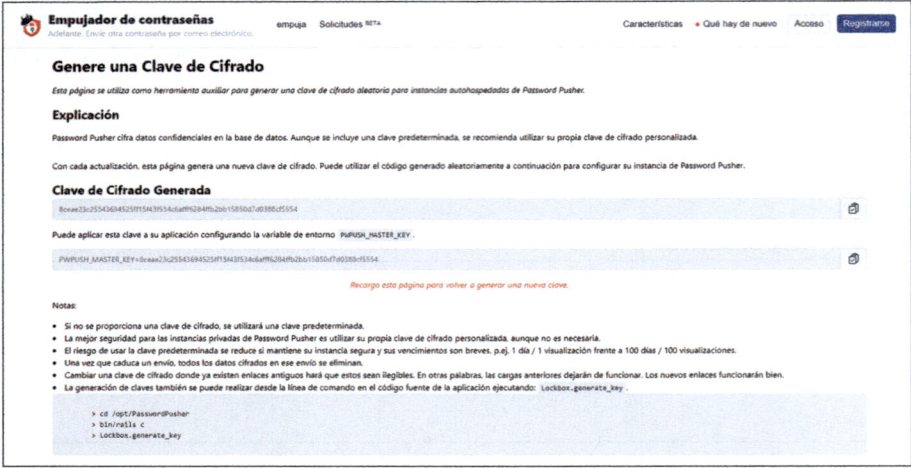

Página de la aplicación Password Pusher en la que se pueden obtener claves de cifrado para insertarlas en las ubicaciones deseadas.

De forma automática, los documentos generados electrónicamente garantizan:

- La **confidencialidad** o capacidad de que un documento únicamente esté accesible a las personas a las que se dirija
- La **integridad,** que garantiza que el documento o archivo original no ha sufrido cambios durante su transmisión
- La **autenticidad,** que se refiere a la certificación de que la persona que emite el mensaje o archivo es quien dice ser

Actividades

6. Realice un listado en el que se recojan distintas aplicaciones para comprobar la clave de cifrado *hash* de un documento.
7. Investigue acerca del uso del código seguro de verificación (CSV) mediante el cual se garantiza la autenticidad e integridad de los documentos enviados y recibidos por los organismos públicos.
8. Analice el concepto de autenticación reforzada o doble autenticación definida en la norma PSD2.

6.2. El sistema de cableado

En toda red de telecomunicaciones, el elemento más importante es el medio físico por el que se transmiten los datos y la información. Habitualmente este medio físico es el cable de cobre de pares trenzados o el cable de fibra óptica, dependiendo de la inversión que se desee realizar en la instalación.

Dentro del sistema de cableado se debe tener en cuenta:

- La ubicación, el estado y las características de la acometida del proveedor de servicios.
- La ubicación, el estado y las características de las canalizaciones y registros del sistema de cableado.
- La ubicación, el estado y las características del cableado y los elementos que integran el sistema de cableado.
- La ubicación, el estado y las características de la toma de tierra.
- El estado y las características de la instalación eléctrica.
- La ubicación, el estado y las características de los armarios de telecomunicaciones, rosetas, latiguillos y elementos de la red.

Un elemento que es de ayuda para analizar el cableado son los planos de la instalación, para conocer las distancias existentes entre los diferentes puntos y elementos de la instalación.

Identificación de un cable de red Tipo FTP, categoría 8

Aplicación práctica

Le acaban de llamar del departamento contable para indicarle que los equipos no funcionan correctamente cuando hacen uso de la red. Le indican que los síntomas son, sobre todo, de falta de conexión con el servidor, amplios tiempos de respuesta (que en muchas ocasiones superan el máximo establecido). Al preguntarle desde cuándo se han estado produciendo estos errores, le indican que desde que han puesto en marcha el sistema de calefacción y aire acondicionado en la oficina.

Analizando los síntomas, ¿cuál cree que es el problema? ¿Qué solución consideraría la más adecuada?

SOLUCIÓN

Si el problema se produce desde que se pone en marcha el sistema de calefacción y aire acondicionado en la oficina, se deberían llevar a cabo las pruebas con este equipo parado y en servicio para comprobar que ese es el elemento que provoca la avería. Si es así, se debiera cambiar el cableado de la red a fibra óptica, ya que no le afectan las interferencias de los equipos, o modificar el cable de red de pares trenzados por otro tipo STP o FTP, conectando ambos extremos a tierra para eliminar las interferencias sobre los conductores.

6.3. Propuesta técnica

Una propuesta técnica es la parte del proyecto telemático en la que se recoge la solución técnica propuesta acorde con las necesidades de los clientes.

Debe incluir al menos:

- Arquitectura del sistema propuesto.
- Equipos de *hardware* y elementos necesarios para su correcto funcionamiento.
- Establecimiento y definición de las características de las interfaces de la red.
- Servicios de telecomunicaciones necesarios que cubran las necesidades del cliente.
- Definición de las políticas de seguridad que se van a implementar.

- Definición de. los grupos de usuarios y los privilegios de cada grupo.
- Normas regulatorias que se deben cumplir y grado de cumplimiento.
- Presupuesto de ejecución del proyecto telemático.
- Plazos de ejecución.
- Protocolos de mantenimiento de la instalación y de los equipos.

La propuesta técnica debe recoger la mayor cantidad de información de la instalación posible, puesto que es un documento que se entrega a las empresas instaladoras para que ejecuten la instalación conforme a las condiciones previstas.

 Actividades

9. Elabore una propuesta técnica correspondiente a una red LAN en la que se ubican doce puestos de trabajo y que dispone de tres servidores (uno de ficheros, otro de correo y otro para las aplicaciones). Debe tener conexión a internet.

Sistema informático y servicios de telecomunicación

El sistema informático y los servicios de telecomunicación son el primer elemento que se debe analizar para identificar los elementos de *hardware* necesarios en los que se ejecutarán las aplicaciones por parte del cliente.

Se debe generar la documentación técnica, compuesta por los documentos, los planos y los esquemas de la instalación que tengan la capacidad de ser interpretados por cualquier persona para entender la manera en la que se ha diseñado la instalación.

Esta documentación técnica se organiza habitualmente en dos aspectos:

- **Aspecto funcional:** se recoge la relación entre los distintos equipos y dispositivos, lo que ofrece una visión global de la instalación.
- **Aspecto lógico:** se recogen los detalles de cada subsistema y el comportamiento con el resto.

El centro de procesos de datos y de los sistemas de red (reubicaciones, instalaciones, etc.)

En toda instalación se debe ubicar un habitáculo que aloje el centro de procesamiento de datos (CPD), que es el centro neurálgico que controla y gestiona la transmisión de los datos y la interconexión de los equipos.

En el CPD se ubican los servidores y dispositivos de la red, por lo que se debe cuidar el acceso. Es habitual controlarlo mediante contraseñas, tarjetas magnéticas o mediante el reconocimiento biométrico.

Los CPD deben cumplir una serie de requisitos enfocados a garantizar su eficiencia, su funcionalidad y su seguridad. Estos requisitos hacen referencia a:

- **Almacenamiento seguro.** Debe ofrecer una infraestructura segura que proteja los datos de daños, pérdidas o accesos no autorizados mediante el uso de sistemas de respaldo y políticas estrictas de seguridad.
- **Conectividad.** Debe ofrecer una conectividad confiable y con una velocidad acorde con la cantidad de datos que deba gestionar.
- **Sistema de alimentación ininterrumpida.** Debe contar con un sistema de respaldo que asegure un suministro de energía que evite interrupciones en el servicio por fallos de energía.
- **Sistema de climatización.** Es importante mantener una temperatura estable dentro del CPD, para asegurar que los equipos funcionan de forma eficiente y no sufren daños por calentamiento.
- **Monitorización y gestión** del rendimiento en tiempo real de cada uno de los elementos que se alojan en el CDP, lo que permitirá solucionar los problemas antes de que provoquen fallos que puedan dejar fuera de servicio la red.

- **Seguridad.** Tiene que incorporar medidas físicas de seguridad, como sistema de cámaras de vigilancia, control de acceso o sistema de proyección y extinción de incendios, son olvidar las medidas lógicas de control, como son la encriptación, la integridad y la confidencialidad de los datos.
- **Capacidad y escalabilidad.** El CPD tiene que poder gestionar el almacenamiento, el procesamiento y la conectividad de forma eficiente. Ha de permitir la escalabilidad de los sistemas y aplicaciones, de forma que se adapten a las necesidades de los clientes a los que preste servicio.

Actividades

10. Realice un listado de las condiciones eléctricas que debe reunir un CPD.

Dentro de esta sección se deben recoger las características del CPD, los sistemas de red, las canalizaciones y la interacción con el resto de las instalaciones del edificio.

Los centros de procesamiento de datos habitualmente realizan todas las canalizaciones a través del suelo técnico.

Política de seguridad de la información

Toda organización o empresa maneja información sensible y que debe ser privada sólo para el personal autorizado, lo que obliga a controlar el acceso a ella y a definir un procedimiento de acceso dentro de la política de seguridad.

Dentro de la política de seguridad se deben definir los usuarios que tienen acceso a los servicios, los equipos que tienen acceso a determinados recursos o los privilegios que se establecen a los usuarios.

 **Importante**

Es una buena práctica para proteger el acceso a los datos el uso de un certificado digital individual para cada una de las personas que trabajen en la empresa.

Dentro del documento que regula la política de seguridad se debe cuidar:

- **La confidencialidad:** acciones centradas en garantizar que la información únicamente esté disponible a las personas autorizadas.
- **La integridad:** encaminada a garantizar que la información no sufre cambios durante su transmisión.
- **La disponibilidad:** enfocada a garantizar que únicamente accede a la información el personal autorizado y desde los recursos indicados cuando sea necesario.
- **La autenticidad:** para asegurar que la información es correcta. En el caso de las personas, consiste en garantizar que quien dice ser de verdad es quien es.
- **La auditabilidad:** se encarga de que todos los eventos que sucedan en la red queden recogidos en un archivo, para poder analizarlos posteriormente en caso de que sea necesario.
- **No duplicidad:** para asegurar que las transacciones se efectúan una única vez, salvo que se indique lo contrario.

- **No repudio:** que asegure que el destinatario recibe la información, sin que pueda indicar que no lo ha hecho.
- **La legalidad:** mediante el cumplimiento de las normativas legales correspondientes.
- **La fiabilidad** de la información: de forma que sea la más adecuada para la toma de decisiones.

Pautas de calidad y su relación con los sistemas telemáticos de la empresa

En la propuesta técnica se debe dedicar un apartado en el que se relacione el nuevo sistema planteado y los sistemas telemáticos existentes en la organización o empresa.

En este apartado se deben establecer los criterios mínimos de calidad que debe cumplir el sistema, por debajo de los cuales no se puede garantizar el correcto funcionamiento del sistema.

Habitualmente, si se trata de la implantación de un nuevo sistema telemático, no suelen aparecer problemas en la integración entre los equipos, pero, si se trata de la integración de un equipo nuevo con otros ya existentes, pueden surgir problemas. Se debe minimizar o llevar a cabo esa integración cuando se reduzcan las molestias a los usuarios.

 Sabía que...

Es complicado encontrar sistemas o servicios que puedan garantizar que un sistema o un equipo esté disponible el cien por cien del tiempo.

Dentro de la propuesta técnica es clave detallar las condiciones de calidad de la propuesta realizada al cliente, de forma que se asegure que cumple sus exigencias iniciales.

Propuesta del sistema de cableado

La propuesta técnica también debe recoger la parte correspondiente a las infraestructuras sobre las que se ejecutaran las aplicaciones y servicios indicados por el cliente en su entrevista inicial, por lo que es fundamental dimensionar y diseñar el sistema de acuerdo con los requisitos establecidos por este.

La propuesta del sistema de cableado debe incorporar:

- Medios de transmisión.
- Equipos repartidores.
- Conectividad con otras arquitecturas y redes presentes en la instalación.
- Puntos de acometida de los proveedores de servicios.

El sistema de cableado depende de las exigencias del cliente, lo que determinará el tipo de cable (pares trenzados o fibra óptica), la clase (UTP, STP, FSTP), la categoría del cable (6, 6a, 7, 7a, 8) o las condiciones de instalación de este.

Número de puestos de trabajo (personas) a considerar en el sistema

Para que la propuesta técnica se adecúe a las necesidades de los clientes, es fundamental indicar la cantidad de puestos de trabajos necesarios, así como establecer, si es posible, una visión de crecimiento a futuro de la instalación para dimensionar los equipos y cableados necesarios.

Se considera una buena práctica incrementar en un 25 % el número de puestos de trabajo, como previsión del aumento de puestos de trabajo y equipos de trabajo.

Servicios a proporcionar a cada uno de los puestos de trabajo (voz, datos, videoconferencia, etc.)

Además de definir el número de puestos de trabajo, también se deben decidir los servicios y aplicaciones que el sistema debe soportar, estableciendo cuáles serán accesibles desde cada uno de los puestos de trabajo.

Para el establecimiento de las necesidades de cada puesto de trabajo y de los servicios que debe utilizar cada trabajador, se han de realizar reuniones con los responsables de cada departamento, que serán los encargados de ello.

Un elemento que se debe tener en cuenta es que mayoritariamente en las empresas actualmente los sistemas de telefonía se ejecutan bajo el protocolo VoIP, lo que provoca la instalación de tres tomas finales de usuario, lo cual incrementa el coste final del proyecto.

 Actividades

11. Defina la manera en la que trataría de garantizar que el sistema de telecomunicaciones seguiría operativo en caso de un fallo de corriente y en caso de fallo de la conexión con internet.
12. Realice un listado de materiales correspondientes a la instalación de un puesto de trabajo en el que debe instalar un sistema informático con impresora, telefonía por VoIP y un sistema de alimentación ininterrumpida.

Aplicación práctica

Sitúe las tomas de cada puesto de trabajo para los equipos que se van a instalar en un *coworking* en el centro de su ciudad conforme al siguiente plano.

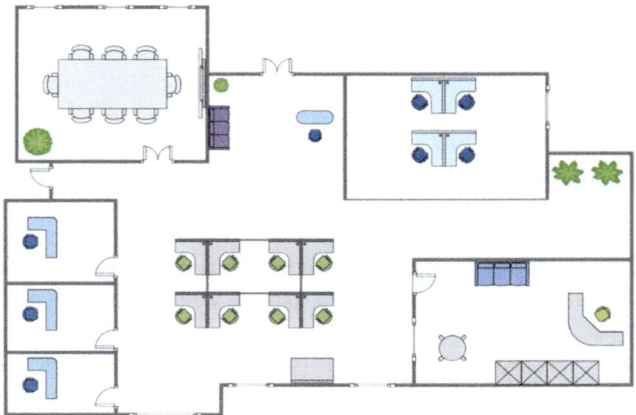

SOLUCIÓN

Tipos y características del cable a utilizar. Referencias normativas

En la propuesta técnica, otro aspecto que se debe definir es el relacionado con el cableado que se va a utilizar en cada uno de los segmentos que conforman la red.

En las instalaciones de cable de cobre de pares trenzados, se pueden encontrar tres tipologías:

- **FTP** *(Foiled Twisted Pair):* cable de pares no apantallados que dispone de un apantallamiento global para evitar las interferencias externas.
- **STP** *(Shielded Twisted Pair):* cables apantallados por pares mediante un recubrimiento metálico externo que protege al cable contra las interferencias que pueden provocarse en su entorno.
- **UTP** *(Unshielded Twisted Pair):* cables que no tienen protección y que son sensibles a las interferencias. Suelen ser los cables usados en los latiguillos.

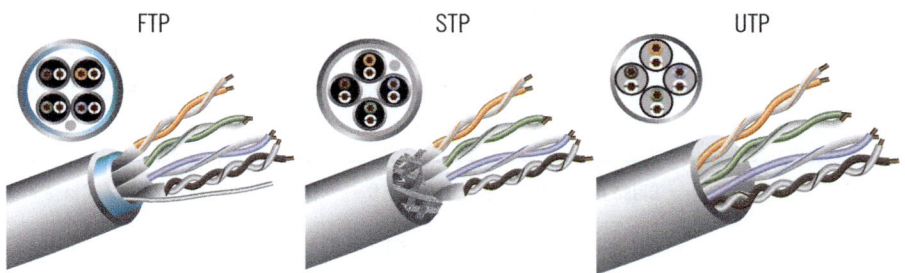

Tipologías de cables de pares trenzados.

Otros medios de transmisión que se emplean son:

- **Cable coaxial:** compuesto por un conductor central rígido y una malla, separados por un material aislante.
- **Fibra óptica:** filamentos de vidrio con capacidad de transmitir información mediante la modulación de las ondas de luz. Dentro de este medio se pueden encontrar cables de fibra monomodo (OS1 y OS2) y cables de fibra multimodo (OM3 y OM4).

Nivel de prestaciones exigido al cableado. Referencias normativas

Las prestaciones del cableado, que también se deben incluir en la propuesta técnica, dependerán del tráfico, los servicios y las prestaciones que por el mismo.

Se deben recoger las características del cableado y las de los conectores, que deberán ser, como mínimo, de la misma categoría que el cableado, para evitar los cuellos de botella en la transmisión entre los equipos.

Las prestaciones que debe cumplir el cableado se definen por la clase y la categoría que se recogen en la normativa TIA/EIA. Serían las siguientes:

- La **clase** especifica las distancias, el ancho de banda y las aplicaciones recomendadas para cada cable. Se establecen seis clases organizadas, de la A a la Z.
- Las **categorías** especifican las características eléctricas del cable: atenuación, capacidad de la línea e impedancia. Las categorías 3, 4, 5 y 5e actualmente se encuentran en desuso, aunque se pueden encontrar en instalaciones antiguas. Las categorías 6, 7 y 8 tienen mejores velocidades de transmisión y alcanzan anchos de banda de hasta 600 MHz.

	Clase A	Clase B	Clase C	Clase D	Clase E	Clase F
Ancho de banda	100 kHz	1 MHz	20 MHz	100 MHz	250 MHz	600 MHz
Categoría 3	2 km	500 m	100 m			
Categoría 4	3 km	600 m	150 m			
Categoría 5	3 km	700 m	160 m	100 m		
Categoría 6					1 Gbps	
Categoría 7						10 Gbps

Tabla de las longitudes máximas y anchos de banda para las clases y categorías de pares trenzados

Mediante la certificación se puede asegurar que el cableado cumple con las características para las que ha sido diseñada y la normativa que le afecte, tanto al cableado como a los diferentes dispositivos que intervienen en la red.

La normativa EIA/TIA 568 especifica los siguientes aspectos:

- Los requerimientos mínimos del cableado.
- La topología de la red y sus distancias máximas.
- Los parámetros de rendimiento, atendiendo a la categoría y a la clase.

Dentro de esta normativa se encuentran otras normativas como son:

- TSB36A, prestaciones de los cables de cobre de pares trenzados de 100 Ω (UTP).
- TSB40A, características de los conectores RJ-45.
- TSB53, prestaciones de los cables de cobre de pares blindados de 150 Ω (STP) y sus conectores.

Para llevar a cabo la certificación se utilizan equipos de medida, compuestos por un equipo activo en el que se obtienen los valores de la medida y otro pasivo que se conecta en el otro extremo del cable que se certifica.

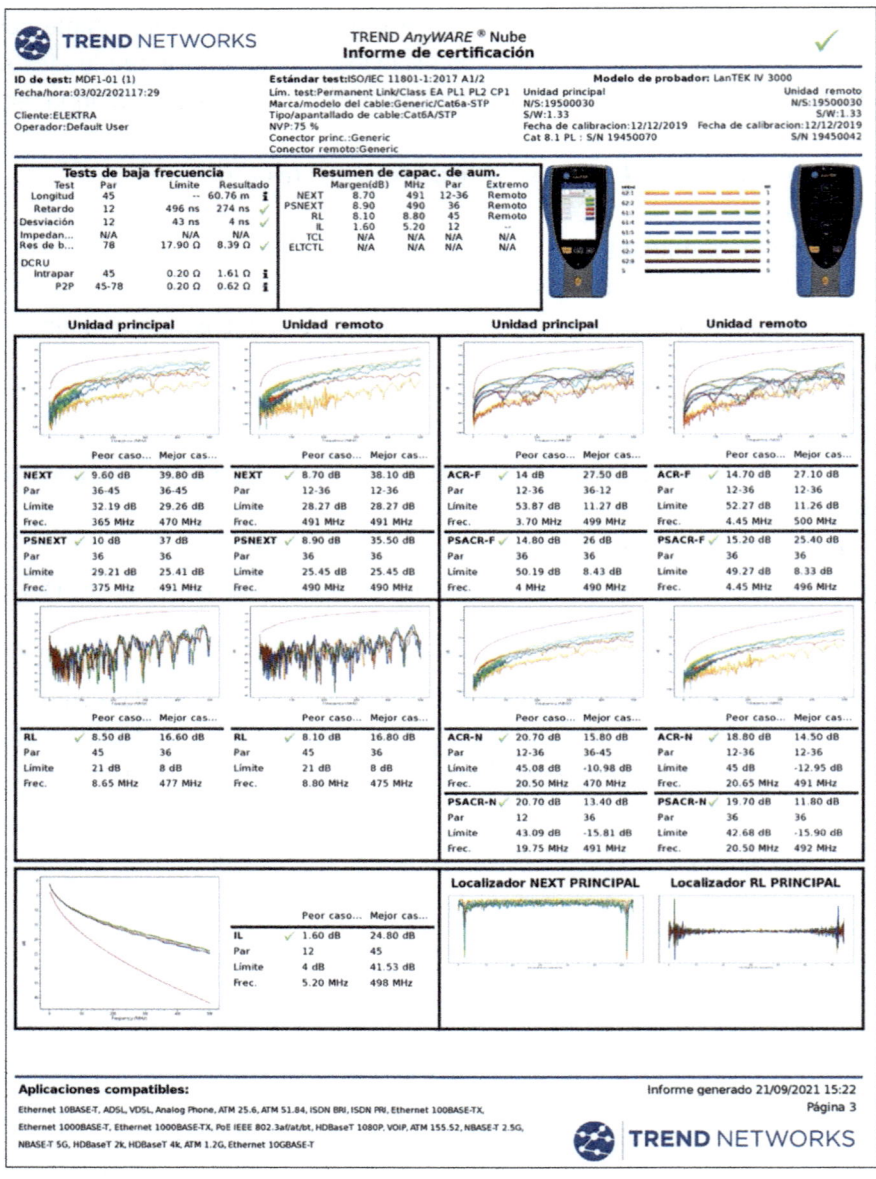

Ejemplo de certificación de cableado

Actividades

13. ¿Qué cableado utilizaría para llevar a cabo la implantación de una red de teleco-municaciones en una empresa de montaje de equipos electrónicos en la que existen puntos de climatización en cada puesto de trabajo y en la que le piden que garantice la transmisión de los datos?
14. Realice una comparativa entre distintos certificadores de cableado y seleccione el que considere que más se adecúa a sus necesidades.

Requisitos de seguridad

Los sistemas de cableado estructurado deben cumplir con los requisitos de seguridad establecidos en la normativa correspondiente, que cuidan los siguientes aspectos:

- **Seguridad física:** encargada de prohibir el acceso al personal no autorizado a cualquier equipo y habitáculo relacionado con la red de telecomunicaciones.
- **Seguridad perimetral:** controla el acceso a la red tanto desde internet mediante un *firewall* como desde la red hacia el exterior.
- **Seguridad *hardware:*** impidiendo la manipulación de los equipos y sus componentes.
- **Políticas de seguridad:** en las que se establecerán los permisos de los usuarios a los datos almacenados y la relación que mantendrán estos con los recursos compartidos de la empresa.

Actividades

15. En su empresa los equipos no disponen de usuario ni contraseña para garantizar que el trabajador que lo necesite pueda acceder al equipo y a su información. ¿Qué requisitos de seguridad establecería para garantizar que únicamente acceda a la información y al equipo el personal autorizado?

Costes del cableado y su instalación. Manuales de tiempo y precios de instalaciones

En el mercado se pueden encontrar una amplia variedad de fabricantes tanto de cableado como de componentes necesarios para implantar una red de telecomunicaciones, por lo que la elección del proveedor también influirá en el coste final de la instalación y configuración de la red y los equipos.

No se debe olvidar incorporar todos los aspectos necesarios para implantar una red de telecomunicaciones, puesto que, en caso de que se olvide alguno, se puede provocar una desviación en el precio final que redunde en pérdidas para la empresa instaladora.

Mientras que los materiales se presupuestan de manera unitaria como metros, unidades, etc., la mano de obra se debe descomponer en unidades lógicas, mediante las cuales se temporaliza cada una de ellas.

Ejemplo

■ Instalar un conector RJ45 (17 min)
■ Instalar 1 m de canaleta de superficie (20 min)
■ Tender 1 m de cable de cobre de pares trenzados (18 min)

Otra manera de realizar los cálculos es mediante los denominados precios descompuestos de obra, que establecen un precio fijo para los trabajos que se deben llevar a cabo, incluyendo en el mismo los materiales, el trabajador, la maquinaria si fuese necesario, etc.

IAF090 Ud Toma de usuario.

Toma simple con conector tipo RJ-45 de 8 contactos, categoría 6, marco y embellecedor.

Código	Unidad	Descripción	Rendimiento	Precio unitario	Importe
1		Materiales			
	Ud	Toma simple con conector tipo RJ-45 de 8 contactos, categoría 6, marco y	1,000	13,72	13,72
			Subtotal materiales:		**13,72**
2		Mano de obra			
	h	Oficial 1ª instalador de telecomunicaciones.	0,180	22,74	4,09
			Subtotal mano de obra:		**4,09**
3		Costes directos complementarios			
	%	Costes directos complementarios	2,000	17,81	0,36
Coste de mantenimiento decenal: 4,54€ en los primeros 10 años.			**Costes directos (1+2+3):**		**18,17**

Ejemplo de precio descompuesto para la instalación de una toma de usuario RJ45 con cable de categoría 6, incluyendo el mecanismo, el marco y el embellecedor.

Para saber más

Muchas empresas se apoyan en el generador de precios de Cype, que facilita la elaboración del presupuesto para obra nueva, para rehabilitación y para espacios urbanos mediante la inclusión de productos tanto genéricos como de fabricantes específicos de diferentes países.

Cype facilita la elaboración de la documentación del proyecto (pliegos de condiciones, recepción de materiales, residuos generados, indicadores de impacto ambiental y seguridad y salud), lo que lo convierte en uno de los programas más utilizados para realizar cálculos y presupuestos.

Continúa en página siguiente >>

<< Viene de página anterior

Se encuentra disponible en el siguiente enlace:

https://redirectoronline.com/uf18700401

  Aplicación práctica

Utilizando el programa de generación de precios Cype Ingenieros, calcule el coste de instalar de una toma doble de usuario con conectores tipo RJ-45 de categoría 6, con marco y embellecedor, y una toma de fibra óptica con conector tipo SC simple, soporte y marco.

SOLUCIÓN

En el primer supuesto se debe acceder a la página web <https://generadordeprecios.info> y dirigirse al apartado **Instalaciones (I) > Audiovisuales (IA) > Red de cables de pares de cobre (IAF) > Ud Toma de usuario** y seleccionar el tipo de toma doble.

Como se aprecia en la pantalla, el coste directo de instalación de una toma doble de usuario es de 29,05 €.

Código	Unidad	Descripción	Rendimiento	Precio unitario	Importe
1		**Materiales**			
mt40fod040a	Ud	Toma de fibra óptica con conector tipo SC simple, soporte y marco.	1,000	15,28	15,28
			Subtotal materiales:		15,28
2		**Mano de obra**			
mo001	h	Oficial 1ª instalador de telecomunicaciones.	0,220	22,74	5,00
			Subtotal mano de obra:		5,00
3		**Costes directos complementarios**			
	%	Costes directos complementarios	2,000	20,28	0,41
Coste de mantenimiento decenal: 1,66€ en los primeros 10 años.			**Costes directos (1+2+3):**		20,69

Continúa en página siguiente >>

<< Viene de página anterior

En el segundo supuesto se debe acceder a la página web <https://generadordeprecios. info> y dirigirse al apartado **Instalaciones (I) > Audiovisuales (IA) > Red de cables de fibra óptica (IAO) > Ud Toma de fibra óptica.**

Como se aprecia en la pantalla, el coste directo de instalación de la toma de fibra óptica es de 20,69 €.

Código	Unidad	Descripción	Rendimiento	Precio unitario	Importe
1		**Materiales**			
mt40fod040a	Ud	Toma de fibra óptica con conector tipo SC simple, soporte y marco.	1,000	15,28	15,28
				Subtotal materiales:	**15,28**
2		**Mano de obra**			
mo001	h	Oficial 1ª instalador de telecomunicaciones.	0,220	22,74	5,00
				Subtotal mano de obra:	**5,00**
3		**Costes directos complementarios**			
	%	Costes directos complementarios	2,000	20,28	0,41
Coste de mantenimiento decenal: 1,66€ en los primeros 10 años.			**Costes directos (1+2+3):**		**20,69**

Procedimientos de mantenimiento a aplicar

Una vez que se ha llevado a cabo la implantación de la red telemática, se deben definir los procedimientos que aseguren que durante la vida útil de la instalación esta va a funcionar de manera correcta una vez puesta en marcha.

Durante las distintas etapas de instalación, configuración y certificación del cableado y los equipos, se debe tener presente la posibilidad de ampliación de la red en un futuro.

El mantenimiento puede ser:

- **Externo,** si la empresa encarga las labores de mantenimiento a otra empresa especializada.
- **Interno,** si la empresa tiene personal propio que se encarga de llevarlo a cabo.

6.4. Plan de acción

Una vez que se ha definido la propuesta técnica, hay que establecer la temporalización de los distintos trabajos que se deben llevar a cabo para implantar y poner en servicio la red de telecomunicaciones.

Dentro del plan de acción se debe establecer:

- Listado de tareas que realizar.
- Asignación de los recursos, técnicos y de personal, a cada tarea
- Cronograma de las tareas.
- Establecimiento de los puntos de control.
- Coordinación del plan de acción.

El plan de acción debe plasmarse en un documento escrito en el que se recojan las tareas que llevar a cabo. En él se puede establecer una relación entre el cronograma y las tareas que se han de llevar a cabo, incluyendo los recursos y la evaluación del grado de cumplimiento de cada tarea, para asegurar que el sistema cumple las exigencias del cliente.

Condiciones de ejecución y puesta en marcha del sistema

Una vez que se ha realizado la instalación de los medios y los distintos equipos que integran una red de telecomunicaciones, es el momento de poner en marcha.

Al realizar la puesta en marcha del sistema, es habitual que aparezcan diferencias de funcionamiento de las esperadas, debido a que la previsión se ha realizado sobre un escenario genérico.

Si la puesta en marcha se desarrolla sobre equipos nuevos o en una red que todavía no se encuentra funcional es más sencillo llevarla a cabo, puesto que no se interfiere con el trabajo de los usuarios; si por el contrario la puesta en marcha del sistema consiste en una ampliación o mejora del sistema existente, se debe minimizar el impacto sobre los usuarios que estén utilizando la red o los recursos.

Importante

Las pruebas de ampliación o mejora de una red de telecomunicaciones suelen desarrollarse fuera del horario laboral, para reducir el impacto negativo sobre su trabajo.

Una buena práctica que se debe llevar a cabo es la congestión de la red, para comprobar su funcionamiento cuando se encuentre al cien por cien de su rendimiento.

Plazos de ejecución de las tareas a realizar para la puesta en marcha del sistema. Diagramas GANTT

Las tareas definidas en el plan de acción deben temporalizarse, de forma que cada tarea recoja el periodo de tiempo en el que se va a llevar a cabo, para asegurar el cumplimiento de los plazos de ejecución del proyecto y evitar que haya retrasos.

Mediante la temporalización de las tareas, se puede visualizar la secuencia de estas y conocer las repercusiones, positivas o negativas, que unas tienen sobre el resto.

Aunque se pueden encontrar distintas herramientas para temporalizar las tareas, una de las más utilizadas es el diagrama de Gantt, que gráficamente recoge la asignación temporal de cada tarea con relación a la escala de tiempo definida.

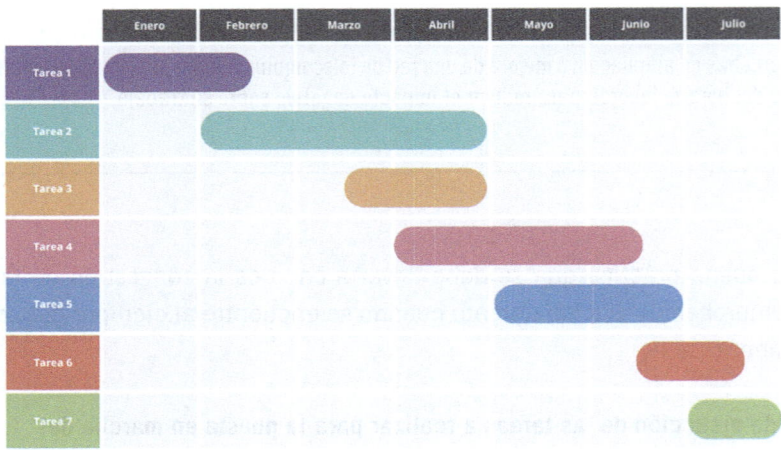

Ejemplo de diagrama de Gantt

 Sabía que...

Los diagramas de Gantt son una herramienta muy utilizada en el desarrollo de proyectos, porque permite tener una visión global del proyecto durante el tiempo en que este se desarrolla.

Para desarrollar los diagramas de Gantt, se pueden emplear distintas herramientas informáticas, entre las que destacan *Microsoft Project* (*software* de pago) y *ProjectLibre* (*software* libre).

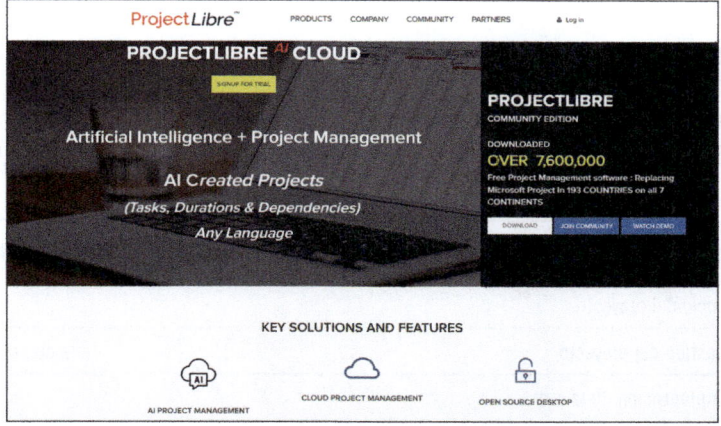

Portada de la web ProjectLibre, donde se puede descargar la aplicación del mismo nombre

 Aplicación práctica

A continuación, se establecerá la temporalización para dotar a una oficina de un sistema de cableado estructurado de acuerdo con las siguientes especificaciones:

▌ El sistema debe estar en funcionamiento en un plazo máximo de tres meses.
▌ Se trabajarán cinco días a la semana durante ocho horas.
▌ No se pueden realizar horas extras ni trabajar en festivos.
▌ La fecha de inicio es el 1 de septiembre de 2025 y la de finalización, 30 de noviembre de 2025.
▌ El día 12 de octubre es festivo. Al ser domingo esa festividad se pasa al lunes, por lo que en octubre se dispone de un día laborable menos.
▌ El día 1 de noviembre es festivo y es sábado, por lo que no influye en la cantidad de días laborables de este mes.
▌ El equipo de trabajo estará compuesto por un responsable de proyecto, un encargado y dos instaladores.

Continúa en página siguiente >>

<< Viene de página anterior

SOLUCIÓN

Se deben establecer y descomponer las actividades, establecer las jornadas previstas y el responsable de cada una de ellas. Se puede obtener una tabla similar a la siguiente:

Actividad	Jornadas previstas	Responsable
1. Inicio del proyecto		
2. Gestión del proyecto	10	Jefe de proyecto
3. Implantación de la red		
a. Establecimiento de necesidades	2	Jefe de proyecto
b. Análisis de la ubicación de la instalación	2	Encargado
c. Diseño de la instalación	6	
d. Instalación del cableado	20	Instalador
e. Instalación de la electrónica de red	10	Instalador
f. Instalación de las tomas de usuario	3	Instalador
g. Configuración de los equipos	3	Encargado
h. Pruebas de funcionamiento	2	Encargado
i. Certificación de la red	2	Encargado
4. Puesta en marcha inicial	2	Encargado
5. Puesta en producción	1	Encargado
6. Resolución de errores	1	Jefe de proyecto
7. Fin de proyecto		

Actividades

16. Próximamente tiene que responsabilizarse de un proyecto, por lo que le piden que seleccione una herramienta gratuita para temporizarlo y gestionar su desarrollo. Realice un listado de aplicaciones, gratuitas y de pago, que pueden serle útiles.
17. Realice un diagrama de Gantt con una herramienta de las analizadas en la actividad anterior para el proyecto definido en la aplicación práctica.

Plan de explotación del sistema

Una vez que se han superado las pruebas y la puesta en marcha de la red, se deben establecer los procedimientos que recojan el funcionamiento del sistema y la manera de mantener los elementos que lo componen.

Los aspectos que se suelen recoger en el plan de explotación son:

- Procedimiento de uso de los equipos por el administrador del sistema.
- Procedimiento de uso de los equipos por parte de los usuarios.
- Procedimiento para conectar los equipos.
- Procedimiento de uso de los equipos de interconexión de los dispositivos de los usuarios.
- Procedimiento que seguir para instalar más equipo o implantar servicios de telecomunicaciones.

El plan de explotación debe recoger la mayor cantidad de información posible. Debe estar en manos del responsable de la red o del sistema informático de forma exclusiva.

Referencias de procedimientos para la instalación y configuración del sistema

La instalación, configuración y mantenimiento de la instalación debe respetar todas las normativas que le afectan, por lo que se recomienda definir el proceso que se va a seguir en la instalación y configuración de la red de telecomunicaciones para asegurar que no se incumple ninguna.

Se pueden definir los siguientes procedimientos que controlar:

■ Realizar el esquema del edificio reflejando las plantas, la ubicación de los cuartos de comunicaciones.
■ Identificar los equipos existentes en los cuartos de telecomunicaciones, en el caso de que se vaya a modificar una instalación existente.
■ Medir las distancias entre los equipos, la altura de las plantas.
■ Determinar y adquirir el cableado adecuado a la instalación.
■ Planificar y adquirir los materiales necesarios (canaletas, grapas, bridas, etc.).
■ Seleccionar el *software* adecuado a las necesidades de la red (*router*, cableado, rosetas, latiguillos, etc.).
■ Montar los armarios de comunicación.
■ Instalar el cableado (horizontal y vertical).
■ Crimpar *patch panels* y/o bandejas de fibra.
■ Etiquetar el cableado, los latiguillos, los *patch panels*.
■ Comprobar y certificar el cableado.
■ Instalar los equipos en los armarios de comunicación.
■ Configurar los equipos:

    ▪ Asignar IP.
    ▪ Configurar servidores DHCP-DNS.
    ▪ DHC.
    ▪ Equipos de trabajo.

■ Desarrollar pruebas de funcionamiento.
■ Cumplimentar los manuales de calidad y mantenimiento.

Exigencia de una documentación completa: especificaciones de diseño, planos, esquemas, guías de instalación y configuración, garantías y soporte técnico

Al cliente se le debe entregar la documentación completa correspondiente a la su instalación, en la que se recojan todos los aspectos técnicos, de puesta en marcha, funcionamiento, mantenimiento y manuales de los equipos que integran la red.

El proyecto telemático debe incluir al menos los siguientes apartados:

- **Portada,** en la que debe reflejarse:

    - **Ubicación** de la instalación
    - Datos correspondientes al **promotor o cliente** que realiza el encargo
    - Datos correspondientes al **autor** del proyecto
    - **Visado** en caso de que sea necesario
    - **Fecha**
    - Firma del autor

- **Memoria descriptiva:**

    - **Situación inicial** (si se trata de una ampliación, modificación o implantación)
    - **Necesidades** de la instalación
    - **Descripción** del sistema, redes y subredes
    - **Interconexión** de las redes (troncal y horizontal)

- **Pliego de condiciones:**

    - Justificación técnica
    - Tecnologías utilizadas

        - Cableado de fibra óptica
        - Cableado de cobre de pares trenzados

    - Criterios de diseño

        - Dimensionamiento
        - Idoneidad de las topologías
        - Selección de los dispositivos de la instalación
        - Cableado de la red vertical
        - Cableado de la red horizontal
        - Equipos de interconexión de las redes
        - Canalizaciones y materiales de instalación

- Temporalización de los trabajos
- Planos y esquemas

  - Ubicación del inmueble y de la instalación
  - Plano con la ubicación de los elementos de la red
  - Planos de interconexión entre equipos
  - Diagrama de bloques
  - Planos de etiquetado de equipos

- **Responsables del diseño e implantación del proyecto:**

  - Director técnico
  - Instalador
  - Propietario
  - Representante (si existiera)

- **Condiciones técnicas:**

  - Reglamentos y disposiciones legales
  - Condiciones técnicas particulares

    - Cableado

      - Cable de par trenzado
      - Fibra óptica

    - Interconexión

      - Conmutadores y *switches*
      - Convertidores de fibra óptica y/o Ethernet
      - Conectores
      - *Patch panel*
      - Latiguillos

    - Elementos auxiliares

      - Armarios *rack*

| Canaleta
| Bandejas porta cables

❙ Garantías del sistema
❙ Pruebas y medidas de calidad de la señal

| Cables de cobre de par trenzado
| Cables de fibra óptica
| Conmutadores y *switches*

■ **Mediciones y presupuestos**

❚ Mediciones de distancias de cableado
❚ Desviación con el proyecto inicial
❚ Presupuesto

■ **Anexos**

Dentro de este apartado se recoge la documentación que no se ha incluido en los anteriores y que se considera relevante, como pueden ser los manuales de funcionamiento de los equipos.

 Actividades

18. Usando una aplicación informática, cree la portada de un proyecto técnico recogiendo los datos necesarios.

Recursos disponibles en el sistema

Todo proyecto telemático debe especificar los recursos que componen la red y que pueden ser utilizados por los usuarios de esta.

Los recursos se pueden clasificar en:

- **Lógicos:** son los dispositivos que son compartidos entre los usuarios, como puede ser la impresora.
- **Físicos:** son los dispositivos (tangibles) que pertenecen a la red, como el servidor o las tarjetas de red de los equipos informáticos.
- **Reserva:** se destinan a ser utilizados en cualquier momento, en caso de que se produzca un fallo en cualquiera de los recursos anteriores.

 **Definición**

Recurso

Todos aquellos dispositivos que integran la red y que se comparten para ser utilizados por el resto. Algunos ejemplos son las impresoras, los escáneres, las carpetas compartidas, etc., así como servicios como el acceso a internet, el servidor de archivos, la cabina de discos, etc.

Dentro de los recursos lógicos, juegan un papel importante los permisos que se establezcan sobre estos a los usuarios de la red, de forma que únicamente puedan acceder a esos recursos los usuarios autorizados.

Para establecer los permisos de usuario a una carpeta en *Windows* se deben seguir los siguientes pasos:

- Pulsar sobre el archivo o la carpeta sobre la que se quieren establecer las propiedades de seguridad con el botón secundario del *mouse,* acceder a las propiedades y, dentro, a la pestaña **Seguridad.**

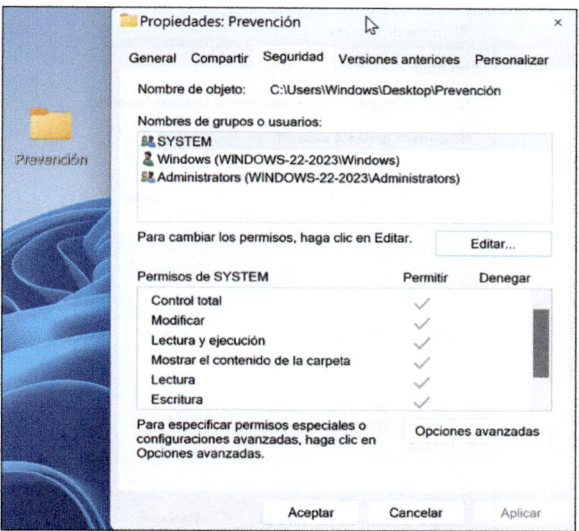

Propiedades de seguridad de la carpeta Prevención

- Dentro de la pestaña **Seguridad** se deben revisar los grupos o usuarios existentes, de manera que si no existiese al que se le van a dar los permisos se debe crear pulsando sobre el botón **Editar.**
- Una vez dentro de la edición de los permisos, se debe seleccionar el grupo o usuarios a los que se les quieren modificar los permisos. Posteriormente, en la ventana inferior, se marcan o desmarcan los permisos.

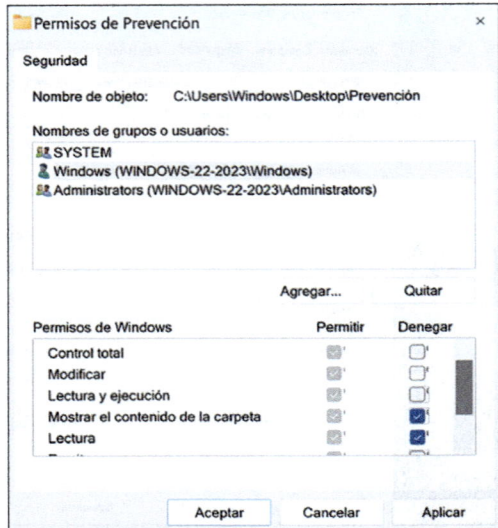

Permisos de la carpeta Prevención al grupo Windows, de manera que únicamente se permite ver el contenido de la carpeta y leer los ficheros, pero no modificar ni ejecutar.

Para establecer los permisos de usuario a una carpeta en *macOS* se debe pulsar sobre ella con el botón secundario y, dentro del apartado **Compartir** y **Permisos,** definir los usuarios y el privilegio de este.

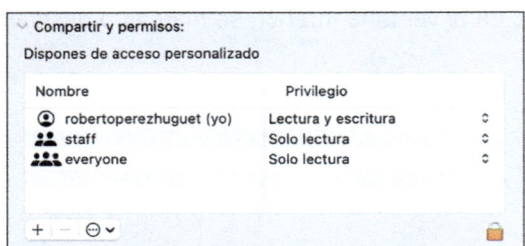

Permisos de la carpeta o fichero usando macOS

Para saber más

Se recomienda acceder al siguiente enlace para conocer el proceso para establecer y configurar los permisos de archivos y carpetas en un servidor *Linux:*

https://redirectoronline.com/uf18700402

Actividades

19. Defina los permisos necesarios en un sistema con las siguientes características:

   a. El grupo 1 puede escribir y leer en el directorio 1.
   b. El grupo 1 solo puede leer en el directorio 2.
   c. El grupo 2 puede escribir y leer en el directorio 2.
   d. El grupo 2 puede leer el directorio 3.
   e. El grupo 3 puede escribir y leer en el directorio 3.
   f. El grupo 3 no puede acceder a los directorios 1 y 2.
   g. El gerente tiene acceso de escritura y lectura a todos los directorios.
   h. Los permisos que no se han definido no deben permitirse.

Plan de seguridad del sistema: acceso al sistema, políticas de *backup*

El activo más importante de una empresa es la información generada y la que maneja en el desarrollo de su actividad, por lo que debe ser protegida contra el acceso indebido o borrado indeseado.

Para establecer el procedimiento para evitar que esa información sufra daños, las empresas definen sus políticas de seguridad mediante las cuales tratan de asegurar:

- Que la información no se pierde, para lo que se llevan a cabo las copias de seguridad periódicas de los datos.
- Que la información solo resulte accesible a los usuarios autorizados, para lo que establecen políticas de acceso.

Recomendaciones del Instituto Nacional de Ciberseguridad (INCIBE) explicando los motivos por los que se deben realizar las copias de seguridad

Para realizar copias de seguridad se pueden utilizar programas de pago como *OneDrive,* o gratuitos como *Cobian Backup,* en los que se puede seleccionar el tipo de copia que interesa realizar:

- **Copia completa** de todos los datos del equipo, independientemente de si se han modificado o no.
- **Copia incremental,** únicamente copia los archivos que se han modificado.
- **Copia diferencial:** se copian los archivos que se han modificado desde la última copia completa o incremental.

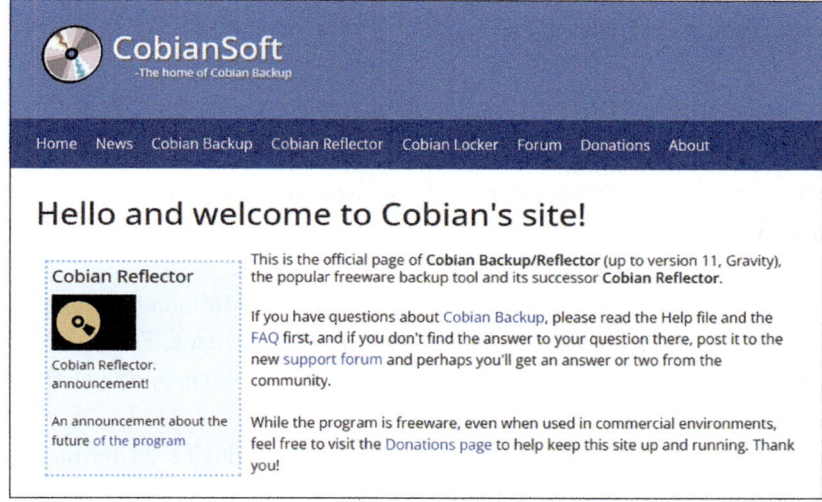

Página de CobianSoft, desde la que se puede descargar el programa gratuito Cobian Reflector para realizar copias de seguridad de los equipos.

 Aplicación práctica

Establezca la planificación para realizar las copias de seguridad de un centro educativo, teniendo en cuenta que el horario de trabajo es de 8:00 a 20:00 h todos los días de lunes a viernes. ¿Qué soporte utilizaría para garantizar la integridad de los datos?

Continúa en página siguiente >>

<< Viene de página anterior

SOLUCIÓN

Para planificar este trabajo se debe tener en cuenta la importancia de los datos almacenados, por los que se realizaran copias completas de forma semanal, e incrementales o diferenciales diariamente.

Se pueden realizar copias completas los domingos para que a lo largo de la semana se realicen copias diferenciales o incrementales.

Como soporte se utilizarán discos o alojamientos en la nube, de forma que los datos se almacenen en, al menos, dos ubicaciones, para garantizar su integridad en caso de que fuese necesaria recuperarlos.

Usuarios del sistema (derechos de acceso, áreas de trabajo, recursos disponibles)

De acuerdo con las políticas de seguridad que se definen para cada uno de los usuarios, estos tendrán acceso a unos u otros recursos. Estos derechos de acceso a la información es lo que se define como privilegios de usuario.

Es fundamental el establecimiento de estos privilegios de forma correcta, por lo que estos se deben establecer entre los responsables de los distintos departamentos afectados.

Los usuarios habitualmente se organizan en grupos de trabajo, sobre los que se establecen los permisos de acceso, lectura, escritura a la información.

Para configurar las cuentas de usuario recogen la siguiente información:

- **Nombre de usuario:** es un nombre único que sirve para identificar al usuario dentro de la red. Suele estar formado por una cadena de caracteres.
- **Contraseña:** es una cadena de caracteres y símbolos especiales que recoge la clave de acceso a los servicios de la red.
- **Nombre completo del usuario:** muestra el nombre completo del usuario.

- **Horarios de acceso:** permite especificar las horas y los días en los que un usuario puede acceder a los recursos de la red. Si no se indica nada, el acceso es total los siete días de la semana y las veinticuatro horas del día.
- **Permiso de equipos:** equipos de trabajo en los que el usuario puede, utilizando sus credenciales, acceder a la red.
- **Caducidad:** se establece una fecha tras la cual el usuario no puede acceder a la red. Muy útil cuando se trabaja con usuarios temporales.
- **Directorio propio:** en este directorio el usuario almacenará sus archivos y documentos una vez que se registre en el sistema usando su usuario y contraseña.
- **Inicio de sesión:** archivos y programas que se ejecutarán cuando el usuario inicie sesión en su equipo y acceda a la red corporativa.

Actividades

20. Defina el procedimiento que seguiría en su empresa para definir los nombres de usuario y establecer las contraseñas asociadas a cada uno de los recursos.

Aplicación práctica

Establezca el protocolo que se deberá seguir en su empresa para definir los nombres de usuario, de manera que sean fáciles de recordar por los usuarios y fáciles de identificar por el administrador del sistema.

Continúa en página siguiente >>

<< Viene de página anterior

SOLUCIÓN

Se podría establecer el nombre de usuario atendiendo a la siguiente nomenclatura:

I Los dos primeros caracteres del nombre de usuario harán referencia al departamento al que pertenece el trabajador.
I Los dos siguientes corresponderán a las iniciales del nombre.
I Los dos siguientes corresponderán a las iniciales del primer apellido.
I Los dos siguientes corresponderán a las iniciales del segundo apellido.

Se podría utilizar el departamento incluido en el nombre de usuario para darle acceso al usuario únicamente a las carpetas de ese departamento, que serán los dos primeros caracteres del nombre de usuario.

Documentación sobre las aplicaciones instaladas

Dentro de la documentación que se entrega al cliente con respecto al proyecto telemático llevado a cabo, se deben incluir los siguientes aspectos:

- Aplicaciones instaladas en el sistema.
- Explicación del funcionamiento de estas.
- Modo de proceder en caso de que se produzca un fallo o avería.
- Pasos que seguir para realizar el mantenimiento de los equipos.
- Procedimiento para la instalación de las actualizaciones de las aplicaciones de los equipos.

Esta documentación se vuelve esencial para los administradores del sistema, puesto que les permite conocer los protocolos que deben seguirse en las actividades más habituales que lleven a cabo.

El control de la información de los equipos y sistemas que conforman la red se puede llevar a cabo utilizando una hoja de cálculo o cualquiera de las aplicaciones disponibles para ello.

Entre las herramientas disponibles que permiten documentar todos los elementos que intervienen en la red se encuentran *Network Inventory Advisor, Asset Explorer, Snipe-IT, Asset Panda* o *InvGate Assets*.

En la siguiente imagen se aprecia el listado de activos que la aplicación *Network Inventory Advisor* puede analizar.

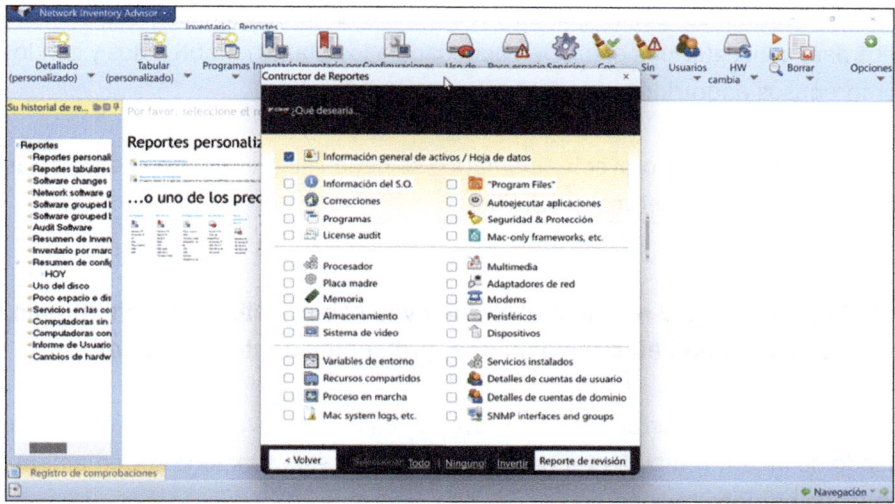

Pantalla de selección de informes de la red que puede suministrar la herramienta *Network Inventory Advisor*.

 Para saber más

Se puede descargar la herramienta a través del siguiente enlace:

https://redirectoronline.com/uf18700403

7. Desarrollo del proyecto telemático

Una vez realizada la propuesta técnica del proyecto, es el momento de desarrollarlo y ponerlo en marcha, con el objetivo de cubrir las necesidades, exigencias y expectativas del cliente.

Dentro de la fase de desarrollo, se invierten muchos esfuerzos tanto técnicos como humanos, por lo que se vuelve esencial la coordinación entre todos ellos para conseguir una ejecución adecuada a los plazos establecidos y con los compromisos adquiridos con el cliente.

Para desarrollar el proyecto telemático se deben seguir los pasos que se van a mostrar en los siguientes apartados.

7.1. Soporte físico y referencias normativas sobre: cableado estructurado, compatibilidad electromagnética, protección contra incendios

La parte más importante de un proyecto telemático es el soporte físico o cableado de la red, fundamental para garantizar que esta funciona correctamente y que los equipos pueden enviar y recibir información.

Dentro del soporte físico se deben recoger los aspectos relacionados con:

- Los medios de transmisión
- Los elementos de red
- La compatibilidad electromagnética
- La normativa contra incendios

Cableado estructurado

Para la administración los sistemas de cableado estructurado, cuando se utilizan los cables de cobre de pares trenzados, se deben respetar las normativas:

- **ANSI/TIA/EIA-568-A:** especifica los requisitos mínimos de cableado para telecomunicaciones, la topología recomendada y los límites de distancia, las especificaciones sobre el rendimiento de los aparatos de conexión y medios, y los conectores y las asignaciones de los pines de los terminales

- **ANSI/TIA/EIA-568-B:** especifica los requisitos de los componentes y del medio de transmisión que corresponda
- **ANSI/TIA/EIA-569-A:** estándar correspondiente a los recorridos y espacios de telecomunicaciones en los edificios y espacios comerciales, así como los tubos o conductos por los que discurre el cableado
- **ANSI/TIA/EIA-570-A:** estándar de cableado correspondiente al sistema de telecomunicaciones residenciales y comerciales. Se incluyen las condiciones necesarias para los servicios de seguridad, sonido, vídeo, sensores, alarmas e intercomunicadores
- **ANSI/TIA/EIA-606:** estándar de administración de las infraestructuras de telecomunicaciones de edificios comerciales en el que se establecen estándares de rotulación del cableado e identificación de los equipos
- **ANSI/TIA/EIA-607:** estándar regulador de la puesta a tierra y de las conexiones en los edificios comerciales que dispongan de varios proveedores de teleco municiones

Si en lugar de cables de cable de cobre de pares trenzados se ha utilizado cableado de fibra óptica, la normativa que debe tenerse en cuenta es:

- **ANSI/TIA/EIA-526-7:** en lo que respecta a la medición de las pérdidas de potencia óptica en ubicaciones que tengan instalados cables de fibra óptica monomodo.
- **ANSI/TIA/EIA-526-14ª:** en lo que respecta a la medición de las pérdidas de potencia óptica en ubicaciones que tengan instalados cables de fibra óptica multimodo.
- **ANSI/TIA/EIA-598:** que establece el sistema de identificación de los cables de fibra óptica mediante el uso de colores.

Compatibilidad electromagnética

Como se ha indicado anteriormente, el cable de cobre de pares trenzados tiene el inconveniente de que le afectan las perturbaciones debidas a las instalaciones o elementos que tiene a su alrededor, por lo que es importante tratar de reducirlas para evitar las posibles interferencias que produzcan fallos de funcionamiento en la red.

Para tratar de minimizar estas perturbaciones hay que tener en cuenta la siguiente normativa:

- **UNE-EN IEC 61000-6-3:2021,** relativa a la norma de emisión electromagnética para equipos en entornos residenciales.
- **UNE-EN IEC 61000-6-1:2019,** relativa a la inmunidad en entornos residenciales, comerciales y de industria ligera.
- **UNE-EN 50561-1:2014,** relativa a los límites y métodos de medida de las perturbaciones eléctricas en equipos de comunicación utilizados sobre la red eléctrica de baja tensión.
- **UNE-EN 55035:2017,** referente a los requisitos de inmunidad de los equipos multimedia.

Protección contra incendios

Las condiciones que deben cumplir los medios de transmisión en lo que se refiere a la protección contra incendios se regulan en la siguiente normativa:

- **UNE-EN IEC 60332-3-22:2019,** referida a la propagación de la llama en cables eléctricos y cables de fibra óptica sometidos a condiciones de fuego.
- **UNE-EN 60754-2:2014,** referida a la determinación de la conductividad y de la acidez de los gases desprendidos durante la combustión de materiales procedentes de los cables.
- **UNE-EN 61034-2:2005,** que establece los procedimientos de ensayo y los requisitos que se deben seguir para medir la densidad de los humos emitidos por los cables en combustión en condiciones determinadas.

Las canalizaciones deben respetar la normativa de protección contra incendios correspondiente a los materiales de construcción que se recogen en la norma **UNE 23727:1990.**

Reglamento y normativa de la instalación

Además de la normativa que afecta directamente a los elementos que conforman la instalación, también se debe tener en cuenta:

- Decreto 3565/1972, de 23 de diciembre, por el que se establecen las normas tecnológicas de la edificación, NTE.
- Real Decreto 346/2011, de 11 de marzo, por el que se aprueba el reglamento regulador de las infraestructuras comunes de telecomunicaciones para el acceso a los servicios de telecomunicación en el interior de las edificaciones.
- Real Decreto 486/1997, de 14 de abril, por el que se establecen las disposiciones mínimas de seguridad y salud en los lugares de trabajo.
- Real Decreto 842/2002, de 2 de agosto, por el que se aprueba el Reglamento Electrotécnico para Baja Tensión.

7.2. Niveles físico y de enlace (OSI 1 y 2) y referencia normativa para la transmisión de datos

El modelo OSI *(Open Systems Interconnection* o interconexión de sistemas abiertos) es un estándar para los protocolos de red definido en 1980 por la Organización Internacional de Normalización y que ha sido adoptado progresivamente por otras organizaciones como la Unión Internacional de Telecomunicaciones (UIT-1983) y la Organización Internacional de Normalización (ISO-1984).

Este estándar tiene como objetivo conseguir que distintos sistemas puedan interconectarse independientemente del protocolo con el que operen establecido por el fabricante del equipo.

El modelo OSI se compone de 7 capas o niveles en las que se llevan a cabo diferentes funciones para conseguir el intercambio de la información, independientemente del protocolo que utilice el equipo para la transmisión de los datos.

 **Importante**

El modelo OSI no define los protocolos, sino las funcionalidades de cada capa, para conseguir que el intercambio de información se produzca entre equipos con distintos protocolos.

El modelo OSI está regulado por la norma ISO/IEC 7498-1:1994 Tecnología de la información. Interconexión de sistemas abiertos. Modelo de referencia básico: el modelo básico.

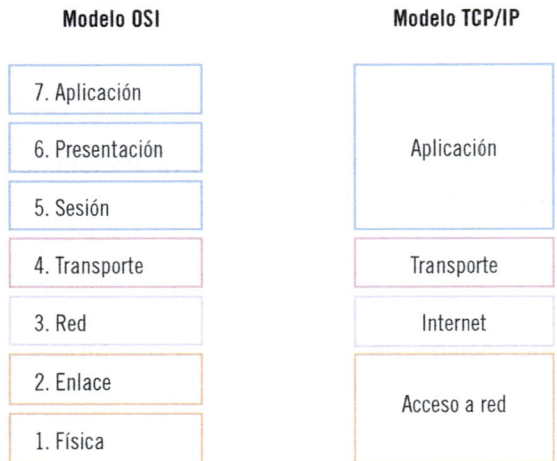

Comparativa de las capas del modelo OSI con las del modelo TCP/IP

Las dos primeras capas del modelo OSI corresponden a las capas física (capa OSI 1) y a la capa de enlace (capa OSI 2) respectivamente.

La capa física

Es la encargada de regular la transmisión de la información, por lo que establece las reglas para que esa transmisión se realice de forma correcta.

Dentro de la capa física se establece:

- El medio de transmisión:

  - Cable de cobre de pares trenzados, coaxial o fibra óptica.
  - Inalámbrico; wifi, *Bluetooth*.

- Características físicas del medio de transmisión:

  - Tensiones, intensidades, conectores, etc.

- Dispositivos físicos que integran la red.
- Tasa de transmisión (bits por segundo).
- Representación de la señal de los bits.
- Topología física recogiendo el conexionado de los dispositivos.
- Modo de transmisión:

  - *Simplex, semi-duplex* o *full-duplex*

El medio de transmisión puede ser de dos tipos:

- Cableado o guiado, cuando se utilizan cables para la interconexión de los equipos.
- Inalámbrico o no guiado, cuando se utiliza el aire como medio de transmisión como sucede al usar las redes wifi.

El uso de los medios cableados suele tener un coste superior al de los medios inalámbricos, principalmente por la necesidad de tirar los cables y sus canalizaciones, pero por el contrario ofrece mayor fiabilidad y seguridad en la transmisión de los datos.

Por el contrario, el uso de medios no guiados suele facilitar la instalación y conexión de nuevos equipos a la red, pero están expuestos a las interferencias, problemas de cobertura o robo de la información que se transmite por el medio inalámbrico.

Los medios usados en la capa física deben tener las siguientes características:

- **Mecánicas:** relacionadas con las propiedades físicas del medio de transmisión, incluyendo las características de los conectores utilizados.
- **Eléctricas:** especificando las tensiones, la tasa de transmisión y la frecuencia de trabajo.
- **Funcionales:** especificando las características de la conexión entre el dispositivo y el medio de transmisión.
- **Procedimentales:** especificación de los aspectos que debe cumplir el flujo de datos cuando viaja a través del medio.

La capa de enlace

La capa de enlace es la responsable de detectar y controlar los errores que se producen durante la transmisión de los datos.

Esta capa es la encargada de:

- Agrupar el flujo de bits en unidades de datos (tramas) con una longitud específica de bits, pasando de manejar bits a tramas de datos.
- Direccionar físicamente las tramas a los destinatarios, incorporando en la misma una cabecera de trama donde el emisor y el destinatario de la trama son identificados.
- Controlar el flujo, adaptar la velocidad de la transmisión a la soportada por la red o por el receptor, evitando los colapsos o desbordamientos de la red o del receptor.
- Controlar los errores para asegurar que la trama recibida en el receptor es correcta y no se ha alterado durante la transmisión.

El nivel de enlace se subdivide en dos subniveles; MAC (control de acceso al medio) y LLC (control lógico del enlace), que tienen las siguientes funciones:

- **Subnivel MAC**

  - Controlar el acceso al medio de transmisión compartido.
  - Generar el tramado, agrupar el flujo de bits en tramas.

- Realizar el direccionamiento físico incorporando las direcciones físicas del emisor y del receptor.
- Detectar y notificar los errores de transmisión al subnivel LLC.

- **Subnivel LLC**

  - Desempeña las labores de interfaz entre el subnivel MAC y el nivel de red.
  - Encapsular los paquetes de nivel superior y añadir la cabecera del nivel de enlace de datos.
  - Controlar la comunicación entre cada uno de los nodos.
  - Controlar y corregir los errores detectados por el nivel MAC.

Una técnica utilizada para detectar los errores que se producen en la transmisión es el denominada "bit de paridad", mediante el que se asegura la integridad de la trama mediante la comprobación de la cantidad de bits puestos a 1 y si coincide con el bit de paridad declarado.

Esta técnica consiste en añadir un bit de control a la trama de bits, de forma que, si la cantidad de bits de la trama puestos a 1 es par, el bit de paridad es un 0, mientras que si es impar el bit de paridad es 1.

Si se cumple la condición establecida, la trama es validada y se pasa a los niveles superiores, notificando en caso contrario al subnivel LLC que la trama recibida es errónea, para que proceda a su corrección mediante la retransmisión de la trama.

7.3. *Internetworking* (OSI 3 y 4) y referencias normativas

Si se hace referencia al concepto *internetworking* se está aludiendo a los niveles 3 y 4 de la capa OSI, que son las capas de red y de transporte respectivamente, cuyas características se desarrollarán a continuación.

Capa de red (nivel 3)

Es la capa encargada de entregar los paquetes desde el emisor hasta el receptor, por lo que debe controlar todas las redes y subredes que existan en la transmisión, para asegurarse de que el paquete llega al destinatario.

Esta capa es la responsable de:

- Definir el direccionamiento lógico, para lo que añade una cabecera de red al paquete original, incluyendo las direcciones lógicas (no físicas) del emisor y del receptor para que el paquete llegue al destinatario.
- Realizar el enrutamiento necesario para que el paquete atraviese todas las redes necesarias para que llegue al destinatario indicado.

Capa de transporte (nivel 4)

Esta capa es la encargada de asegurar la entrega de los paquetes enviados desde el emisor hasta el receptor. Para asegurar que se ha realizado una transmisión fiable y sin errores, esta capa realiza el control del flujo y de los errores de los paquetes enviados.

Esta capa es la responsable de:

- Direccionar el punto de servicio, añadiéndole una cabecera de transporte al paquete donde se incluyen los puertos del emisor como del receptor del paquete.
- Enrutar los paquetes por las distintas redes que tienen que atravesar estos para llegar al destino indicado.
- Segmentar los mensajes antes de transmitirlos y asignarles un número identificativo, para posteriormente ordenarlos en la recepción y conseguir una transmisión ordenada que garantice la integridad del mensaje.
- Controlar la conexión, la transferencia de los datos y la liberación del canal usado en la transmisión del mensaje.
- Controlar el flujo extremo a extremo.
- Controlar los errores extremo a extremo, de forma que, si un segmento es erróneo, se vuelve a retransmitir, hasta que se consigue que esta sea correcta.

Aplicación práctica

Establezca las direcciones de red, la máscara de red, la dirección de *broadcast*, la primera y la última dirección IP, y la cantidad de direcciones IP disponibles en las siguientes direcciones IP:

1. 36.240.32.250/8
2. 155.120.10.67/16
3. 192.168.176.250/24

SOLUCIÓN

1. 36.240.32.250/8

Dirección de subred:	36.0.0.0
Dirección de *broadcast:*	255.0.0.0
Primera dirección IP:	23.0.0.1
Última dirección IP:	35.255.255.254
Direcciones IP disponibles:	16.777.214

2. 155.120.10.67/16

Dirección de subred:	155.120.0.0
Dirección de *broadcast:*	255.255.0.0
Primera dirección IP:	155.120.0.1
Última dirección IP:	155.120.255.254
Direcciones IP disponibles:	65.534

3. 192.168.176.250/24

Dirección de subred:	192.168.176.250
Dirección de *broadcast:*	255.255.255.0
Primera dirección IP:	192.168.176.1
Última dirección IP:	192.168.176.254
Direcciones IP disponibles:	254

7.4. Sistemas y arquitecturas (OSI 5, 6 y 7)

Dentro de la arquitectura OSI, regulada por la norma ISO/IEC 7498, además de las capas vistas anteriormente, se definen las capas 5, 6 y 7, correspondientes a las capas de sesión, presentación y aplicación, respectivamente.

Capa de sesión (nivel 5)

La capa de sesión es la encargada de establecer, mantener y sincronizar la transmisión de los datos entre dos equipos mientras que esta está activa.

Esta capa es la responsable de controlar:

- El **diálogo,** para lo que debe determinar el tipo de comunicación que se va a utilizar en la transmisión entre los equipos: *simplex, semi-duplex* o *full-duplex.*
- La **sincronización,** mediante la inserción de elementos de control durante la transmisión, para asegurar que estas han llegado correctamente al equipo de destino.
- La **agrupación** de los datos en flujos que permitan identificar los paquetes que han llegado al equipo destinatario e indicándole al emisor que debe finalizar la emisión cuando llegan la totalidad de los paquetes enviados.
- La **recuperación** de los datos, si los puntos de comprobación en la transmisión detectan que la transmisión no ha sido correcta desde el último punto de control.

La capa de presentación (nivel 6)

Esta capa es la encargada de definir el formato de la información que se intercambia entre las distintas aplicaciones utilizadas, como puede ser el caso de la compresión y la encriptación de los datos.

Esta capa debe ser capaz de gestionar:

- La **traducción** de la información que maneja cada equipo, independientemente del formato o codificación de esta a un modelo que pueda ser transmitido a un formato que pueda ser entendido por el receptor.
- El **cifrado,** para asegurar la transmisión, de forma que trate de evitar ataques que puedan producirse para que la transmisión es segura y privada, para lo cual se cifra la información transmitida.

La capa de aplicación (nivel 7)

Esta capa es la encargada de gestionar que el usuario pueda interactuar con la información a través de ficheros, correos electrónicos, documentos, navegar por internet, etc.

En esta capa se definen los servicios y protocolos que se utilizan en los servicios de comunicación usados por el usuario, entre los que se encuentran:

- HTTP, que corresponde con la navegación por internet.
- FTP, que corresponde con la transferencia de archivos dentro de la red.
- SMTP, responsable del servicio de correo electrónico.

 Importante

Los protocolos HTTP y FTP tienen sus versiones HTTPS y SFTP, en las que se incorpora una capa de seguridad que incluye la navegación segura y el cifrado de la información que se transmite por la red.

Actividades

21. Realice una tabla comparativa en la que se recojan las diferencias entre el protocolo POP3 e IMAP de correo electrónico.

7.5. Servicios finales: transmisión de voz, videoconferencia y transmisión de imágenes en banda base. Referencias normativas

Los servicios finales que deba soportar la red deben ser definidos inicialmente por el cliente para dimensionar la red, su infraestructura y los servicios que debe soportar.

Actualmente los servicios más usuales que incorpora una red de telecomunicaciones son la transmisión de voz, la videoconferencia y la transmisión de imágenes en banda base.

Servicio de voz

Actualmente el servicio telefónico se encuentra en proceso de digitalización, de manera que la voz de los usuarios se digitaliza y se transmite por la red como si fuese un paquete de datos, dando lugar a lo que se denomina VoIP.

El uso de la VoIP tiene las siguientes ventajas:

- Mejora la productividad y la atención al usuario.
- Facilita la movilidad, permitiendo acceder al dispositivo desde cualquier ubicación, siempre que exista conexión a internet.
- Se asegura la seguridad y privacidad de las llamadas, puesto que se incorporan sistemas de autenticación, autorización y protección de datos.
- Posee un diseño escalable y flexible, de forma que se puede adaptar a las necesidades del usuario.
- Es compatible con el *hardware* de distintos fabricantes y proveedores.

Videoconferencia

La videoconferencia se puede considerar la evolución de los servicios de voz. Además de la voz, se transmiten las imágenes del emisor y del receptor, permitiendo que ambos se vean mientras se lleva a cabo la comunicación.

Para llevar a cabo una videoconferencia es necesario disponer de una cámara y un micrófono, además de la conexión a internet y una aplicación para llevarla a cabo. La aplicación utilizada por el emisor y el receptor para comunicarse debe ser la misma.

Actualmente se pueden encontrar distintas aplicaciones, gratuitas y de pago, que permiten la realización de videoconferencias como *Microsoft Teams, Zoom, Google Meet* o *Skype.*

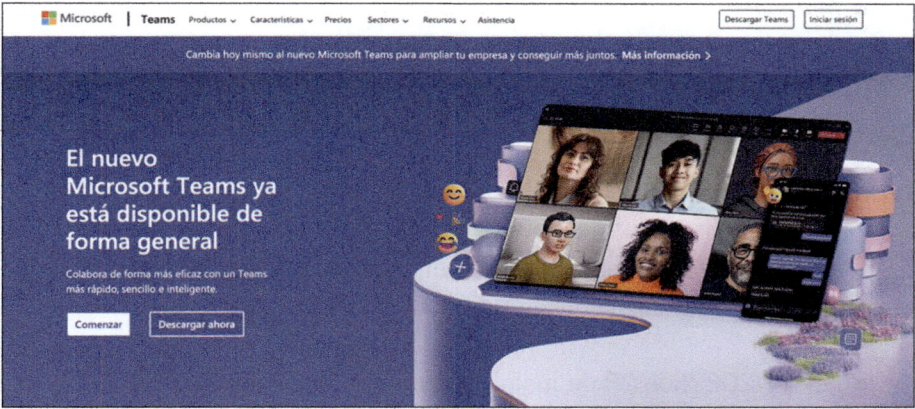

Pantalla para descargar la aplicación Microsoft Teams en un equipo de escritorio

 Actividades

21. Realice una comparativa entre las distintas aplicaciones, gratuitas y de pago, disponibles para llevar a cabo una videoconferencia. Seleccione la más adecuada a sus necesidades actuales.

Transmisión de imágenes en banda base

Este servicio permite enviar archivos de imágenes entre distintos usuarios a través de la red. El uso más habitual es la transmisión de video en *streaming*.

La transmisión se puede realizar mediante el uso de:

- ■ *Broadcast:* se distribuyen los datos por todos los segmentos de la red, incluso en los que no hay receptores. Se envía un único mensaje, sin tener en cuenta la cantidad de receptores que existan. Un ejemplo de este modelo es la radio o la televisión.
- ■ *Unicast:* se envía la información a los segmentos interesados en la información transmitida. Es el que se usa habitualmente en internet y tiene el inconveniente de que se deben enviar tantos segmentos como equipos interesados, lo que puede sobrecargar la red.
- ■ *Multicast:* es una combinación de los modelos anteriores enviando los datos una única vez desde el origen, independientemente del número de receptores, y enviando la información a las subredes desde las que existan peticiones.

Referencias normativas

Entre las distintas normativas que regulan los servicios de telecomunicaciones se encuentran las siguientes:

- ■ Ley 11/2022, de 28 de junio, General de Telecomunicaciones.
- ■ Real Decreto 2296/2004, de 10 de diciembre, por el que se aprueba el reglamento sobre mercados de comunicaciones electrónicas, acceso a las redes y numeración.
- ■ Real Decreto 899/2009, de 22 de mayo, por el que se aprueba la carta de derechos del usuario de los servicios de comunicaciones electrónicas.

Además de los servicios descritos anteriormente, gracias al desarrollo de las conexiones móviles se pueden encontrar otros como:

- ■ Servicios de control y gestión de equipos.
- ■ Servicios de monitorización.

- Servicios de radiodifusión.
- Servicios de telemedicina

8. Resumen

El proyecto telemático es un documento en el que se recogen los datos de la instalación, su infraestructura y las aplicaciones que se van a utilizar en la red de telecomunicaciones. Se organiza en los siguientes apartados:

- Alcance
- Estudio de viabilidad
- Análisis
- Diseño
- Desarrollo
- Puesta en marcha y pruebas
- Mantenimiento

La recogida de datos para cumplimentar el proyecto telemático se debe llevar a cabo atendiendo a los requisitos funcionales y a las restricciones de los equipos y usuarios.

En las implantaciones de redes de telecomunicaciones en las que se deben modificar las ya existentes, se deben inventariar los equipos y los dispositivos que la integran y evaluar la idoneidad de uso con respecto a los nuevos requerimientos de la red.

Para garantizar la información que circula por la red, se deben implementar sistemas de cifrado para tratar de asegurar que únicamente pueda acceder a la información el personal y los equipos autorizados en el plan de seguridad definido para la red.

Dentro del proyecto técnico se debe ubicar la propuesta técnica, en la que se ha de recoger la mayor cantidad de información de la instalación posible, puesto que es un documento que se entrega a las empresas instaladoras para que ejecuten la instalación conforme a las condiciones previstas.

En las instalaciones debe existir un habitáculo que aloje el centro CPD, en el que se ubican los servidores y dispositivos de la red. Se debe cuidar quién puede acceder a este centro.

El cableado utilizado en una instalación se define por su clase y categoría, de acuerdo con las condiciones definidas en la normativa TIA/EIA.

Una vez implantada la red telemática, deben definirse los procedimientos que aseguren el correcto funcionamiento de la red durante su vida útil.

Los recursos que se implantan en una red de telecomunicaciones pueden ser: lógicos, si hacen referencia a los dispositivos compartidos; físicos, que son los propios dispositivos físicos, y los de reserva, por si fallase cualquiera de los anteriores.

El modelo OSI *(Open Systems Interconnection* o interconexión de sistemas abiertos) es un estándar para los protocolos de red definido en 1980 por la Organización Internacional de Normalización. Se estructura en siete capas o niveles, mediante los cuales se trata de garantizar las comunicaciones entre equipos que no utilicen el mismo lenguaje en la transmisión de datos.

Los servicios que deba integrar la red han de ser establecidos por el cliente antes de llevar a cabo la implantación del proyecto telemático, para asegurar que la red cumple con los requerimientos y las necesidades de trabajo.

Ejercicios de repaso y autoevaluación

1. Indique tres objetivos que se pretenden alcanzar con el desarrollo de un proyecto telemático.

_____

_____

_____

_____

2. Cumplimente los huecos que falten:

Un proyecto _____ es el _____ en el que se recogen los datos de la _____, su _____ y las _____ que se van a utilizar en la red de tele-comunicaciones.

3. La fase del proyecto en la que se describen de las soluciones técnicas que cumplan con las especificaciones del cliente corresponde con...

    a. ... la fase 2.
    b. ... la fase 3.
    c. ... la fase 4.
    d. ... la fase 5.

4. Para conocer las necesidades de la red y del cliente se utilizan...

    a. ... las encuestas.
    b. ... las entrevistas.
    c. ... la experimentación.
    d. Todas las opciones son correctas.

5. ¿En qué apartado del estudio de viabilidad se justifica la selección de la opción elegidas para llevarla a cabo?

    a. El informe técnico
    b. El informe funcional
    c. El informe legal
    d. El informe ejecutivo

6. Indique los objetivos que se persiguen con el informe de diagnóstico.

_____
_____
_____
_____

7. Cumplimente los huecos que faltan:

Dentro de la fase de _____ hay que recabar la _____ cantidad de _____ posible para _____ que la _____ técnica seleccionada se _____ a las _____ del cliente.

8. A la hora de realizar el inventario de los equipos existentes se debe recoger...

    a. ... las características y el estado de los equipos.
    b. ... los números de serie y los fabricantes de los equipos.
    c. ... la información referida al cableado y a las aplicaciones.
    d. Todas las opciones son correctas.

9. Cuando se recopila la información de la red se recomienda volcarla posteriormente...

    a. ... en un documento digital, para evitar su deterioro.
    b. ... en un documento en papel, para evitar su pérdida.
    c. ... en un mapa de red de la instalación.
    d. ... junto al contrato del proveedor de servicios de telecomunicación.

10. Relacione los tres conceptos básicos de la seguridad informática.

_____

_____

11. Cumplimente los huecos faltantes

Las _____ ponen en riesgo los _____ y los _____ empresariales, comprometiendo su _____, _____ y _____, que tienen la
_____ de que se pueden _____ una vez que son _____.

12. El uso de distintas técnicas de manipulación utilizadas por un ciberdelincuente para obtener información confidencial de un usuario se conoce como...

    a. ... *phishing.*
    b. ... auditoría de seguridad.
    c. ... antivirus.
    d. ... ingeniería social.

13. Indique tres características que debe cumplir una clave de cifrado.

_____

_____

_____

_____

_____

_____

_____

14. Los documentos generados electrónicamente NO garantizan...

    a. ... la confidencialidad.
    b. ... la integridad.
    c. ... la autenticidad.
    d. ... la legibilidad.

15. **La actividad encaminada a garantizar que la información no sufre cambios durante su transmisión es la...**

      a. ... la auditabilidad.

      b. ... la confidencialidad.

      c. ... la integridad.

      d. ... la fiabilidad.

Capítulo 5

Herramientas *software*

Contenido

1. Introducción
2. Herramientas para la
   simulación de redes
3. Herramientas de
   planificación de proyectos
4. Resumen

1. Introducción

Cuando se asume el desarrollo del proyecto de una red de telecomunicaciones es habitual apoyarse en distintas herramientas y aplicaciones que permitan asegurar que la red funciona correctamente, o para detectar posibles errores antes de que la red comience a ser utilizada por los usuarios y que una vez que sucede dificulte la reparación de esta.

Dentro de estas herramientas se pueden encontrar:

- Los **simuladores,** que plantean un escenario paralelo en el que se instalan los mismos dispositivos que intervienen en la red principal, para tratar de detectar, antes de que se produzcan, los errores de funcionamiento y configuración.
- Los **emuladores,** que simulan los equipos de la red y sobre los que se ejecutan las órdenes de forma similar a la manera en la que se realizan en el equipo principal.

2. Herramientas para la simulación de redes

Los sistemas informáticos y las redes de comunicación actualmente son un elemento básico en el funcionamiento de las empresas, por lo que hay que asegurarse de que funcionan correctamente, y si es posible, adelantarse a los fallos o errores que se produzcan en ellos, para garantizar su disponibilidad durante la mayor cantidad de tiempo posible.

Mediante las herramientas de simulación de redes se pueden realizar, de forma efectiva y ágil, simulaciones que faciliten la implementación de equipos, o cambios en la configuración de estos, y comprobar el funcionamiento de la red, de forma que, una vez que se obtengan los resultados deseados, se implanten sobre la red de comunicaciones real.

Las herramientas de simulación se pueden clasificar en:

Herramientas de carácter general, que se pueden utilizar sobre cualquier red con distintos equipos.

Herramientas propias de fabricante, que únicamente se pueden utilizar sobre los equipos de un fabricante determinado.

Al igual que sucede con otras aplicaciones, se encuentran disponibles aplicaciones gratuitas y otras de pago. Entre ellas destacan:

■ Aplicaciones libres:

CNET Network Simulator
   <https://www.csse.uwa.edu.au/cnet/>
EVE-NG
   <https://www.eve-ng.net>
GNS3
   <https://www.gns3.com/>
NetSim
   <https://tetcos.com>
OMNeT++
   <https://omnetpp.org>
SimuRed
   <http://simured.uv.es/download.php>
VisualSense
   <https://ptolemy.berkeley.edu/visualsense/>

■ Aplicaciones de pago o privativas:

Cisco Packet Tracer
   <https://www.netacad.com/es/courses/packet-tracer>
IP WAN Emulator
   <https://www.gl.com/wan-link-emulation-ipnetsim-iplinksim.html>
MIMIC Simulator Suite
   <http://www.gambitcomm.com/site/gambit4.shtml>
OMNEST
   <https://www.omnest.com/try-omnest>
OP Manager
   <https://www.manageengine.com/it-operations-management/>

2.1. *OMNeT++*

Es un simulador modular de eventos basado en C++ orientado a objetos. Es usado para analizar el tráfico, los protocolos, evaluar el rendimiento de los equipos y validar la arquitectura *hardware.*

Esta herramienta está disponible para diferentes sistemas operativos *Windows* y *Unix.* Se distribuye bajo dos licencias, una académica gratuita y otra comercial denominada *OMNEST.*

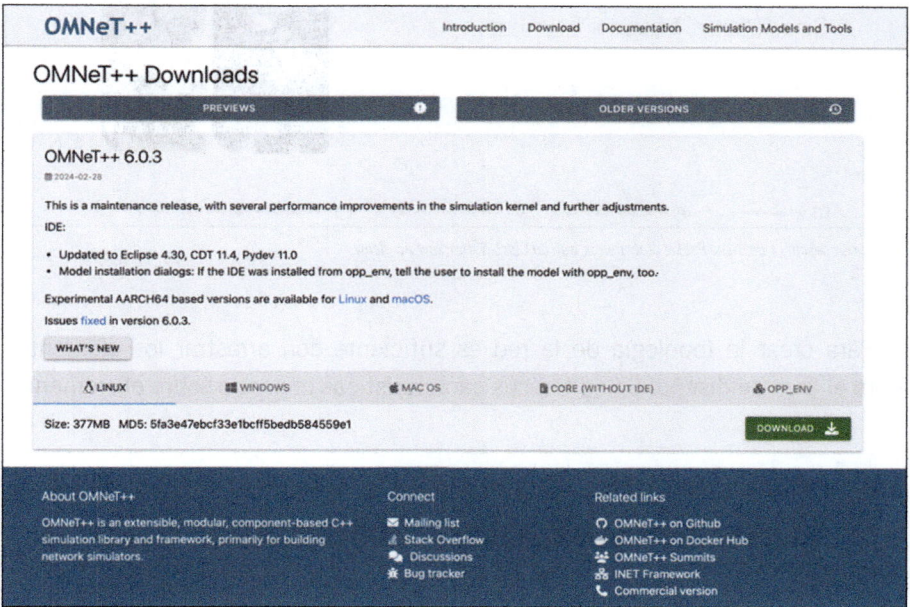

Página de descarga de la aplicación OMNeT++

Esta herramienta permite simular distintos escenarios, incluyendo sus equipos y el tráfico mediante la gestión de los eventos.

Mediante la simulación de una red telemática se puede averiguar si se producen cuellos de botella, tráficos intensos en algunos dispositivos, o si existen problemas de rendimiento.

2.2. *Cisco Packet Tracer*

Esta aplicación es propiedad de Cisco System Inc y está diseñada para simular las instalaciones en las que se incorporan los equipos de la compañía. Para descargarla hay que registrarse en la academia Cisco Networking Academy, a la que se puede acceder desde <https://www.netacad.com/es/courses/packet-tracer>.

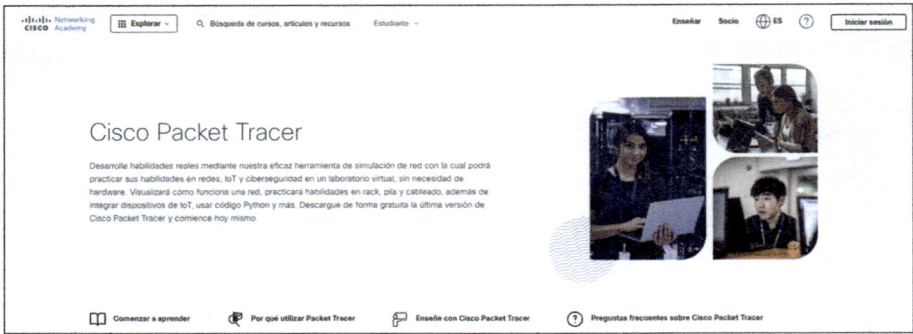

Apartado de descarga de Cisco Packet Tracer en la web de Cisco Networking Academy

Para crear la topología de la red es suficiente con arrastrar los elementos sobre el área de diseño. Se editan sus características clicando sobre el elemento.

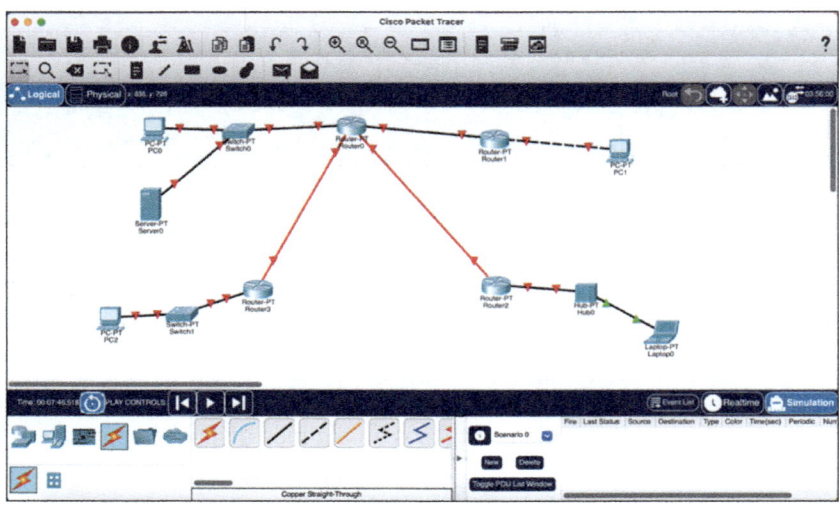

Interfaz de la aplicación Cisco Packet Tracer con una red simulada

Este *software* es más sencillo de utilizar que otros. Además, al incorporar equipos genéricos en las últimas versiones se ha convertido en uno de los más utilizados entre los profesionales del sector.

Al hacer doble clic sobre cualquier elemento se abre la ventana de configuración del dispositivo, incluyendo una imagen del apartado de las conexiones físicas. Puede incluir otros módulos que sean necesarios.

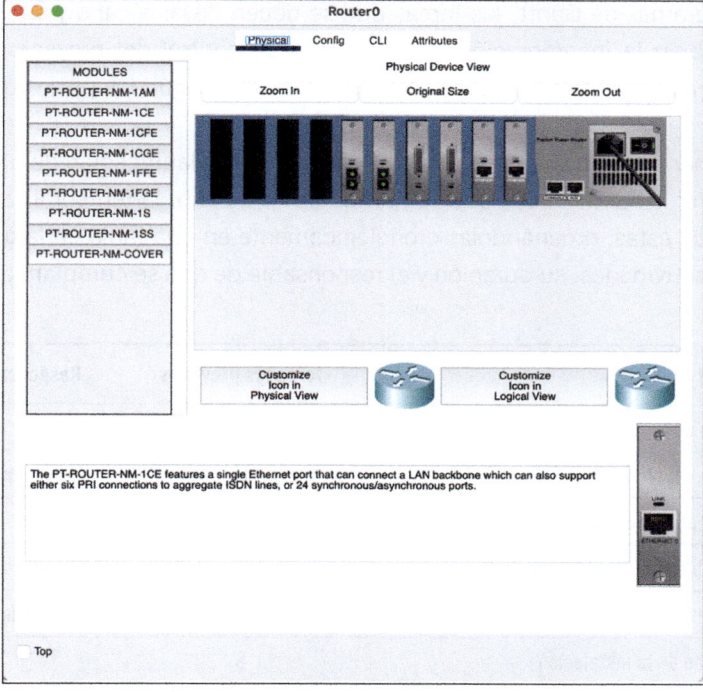

Ventana de características físicas de un router que usa Cisco Packet Tracer

 Actividades

1. Descargue e instale en su equipo la aplicación *Cisco Packet Tracer.*
2. Diseñe un escenario lógico en el que se incorporen cuatro subredes con un equipo en cada red, dos *switches,* un servidor y un *hub.*

3. Herramientas de planificación de proyectos

En la planificación de proyectos es importante utilizar aplicaciones que permitan a todas las personas implicadas en el proyecto conocer la planificación y evolución de este, para lo que los equipos se pueden apoyar en aplicaciones informáticas de ayuda a la planificación del proyecto.

Estas aplicaciones permiten representar con gráficos, habitualmente mediante los diagramas de Gantt, las tareas que se deben llevar a cabo y su planificación, también la incorporación de los puntos de control del proyecto y de las personas responsables de que estas se lleven a cabo según los plazos definidos.

El primer paso que se debe dar para establecer la planificación de un proyecto es definir las actividades que se han de llevar a cabo, la temporalización y la duración de estas, ordenándolas cronológicamente en una tabla en la que se recojan las actividades, su duración y el responsable de que se cumplan los plazos.

Actividad	Jornadas previstas	Responsable
1. Estudio de necesidades de la instalación		
2. Gestión del proyecto	11	Jefe de proyecto
3. Implantación de la red		
a. Establecimiento de necesidades	4	Jefe de proyecto
b. Análisis de la ubicación de la instalación	2	Responsable de red
c. Diseño de la instalación	6	
d. Instalación del cableado	20	Instalador
e. Instalación de la electrónica de red	10	Instalador
f. Instalación de las tomas de usuario	3	Instalador
g. Configuración de los equipos	3	Responsable de red
h. Pruebas de funcionamiento	2	Responsable de red
i. Certificación de la red	2	Responsable de red
4. Puesta en marcha inicial	2	Responsable de red

Continúa en página siguiente >>

<< Viene de página anterior

Actividad	Jornadas previstas	Responsable
5. Puesta en producción	1	Responsable de red
6. Resolución de errores	1	Jefe de proyecto
7. Fin de proyecto		

Una vez definidas las actividades, las responsabilidades y la duración de cada una de ellas, se creará el calendario, que se volcará en la aplicación in-formática seleccionada para crear el diagrama de Gantt.

 Importante

En todo proyecto se establecen eventos críticos que permiten evaluar el grado de desarrollo del proyecto. Se denominan **hitos de control.**

Dentro del proyecto existen las **actividades críticas,** que son aquellas cuyo retraso influye negativamente en la fecha de finalización del proyecto.

 Aplicación práctica

Utilizando la herramienta gratuita *ProjectLibre,* realice el diagrama de Gantt correspondiente a la tabla de actividades que se ha desarrollado anteriormente. Para establecer la temporalización tenga en cuenta que:

El sistema debe estar en funcionamiento en un plazo máximo de tres meses.

Se trabajarán cinco días a la semana durante 8 h.

Continúa en página siguiente >>

<< Viene de página anterior

No se pueden realizar horas extras ni trabajar en festivos.

La fecha de inicio es el 1 de septiembre de 2025 y la de finalización 30 de noviembre de 2025.

El día 12 de octubre es festivo. Al ser domingo la festividad se pasa al lunes, por lo que en octubre se dispone de un día menos laborable.

El día 1 de noviembre es festivo y es sábado, por lo que no influye en la cantidad de días laborables de este mes.

El equipo de trabajo estará compuesto por un responsable de proyecto, un encargado y dos instaladores.

Los subsistemas normalizados existentes en la topología de un sistema de cableado estructurado corresponden a una empresa que dispone de tres sedes separadas entre sí a una distancia de 350 m. Tenga en cuenta que el edificio 1 tiene 3 plantas y los edificios 2 y 3 tienen 2 y 4 plantas respectivamente.

SOLUCIÓN

El primer paso es definir los días festivos en el calendario, para lo cual hay que dirigirse a la pestaña **Tarea > Calendario** y asignar los días festivos al calendario "No laborable". Esta tarea hay que llevarla a cabo individualmente para cada uno de los días.

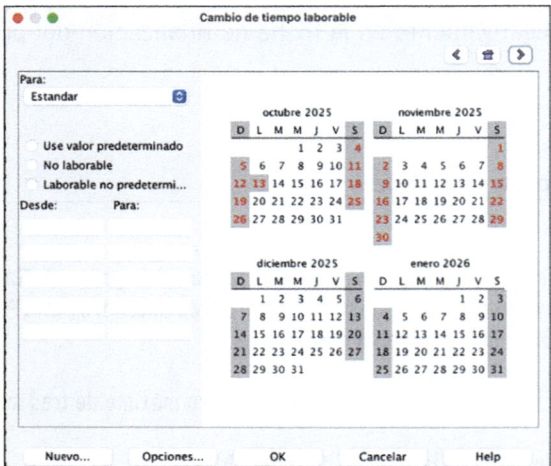

Continúa en página siguiente >>

<< Viene de página anterior

Una vez establecidos los días festivos, hay que registrar en la aplicación los responsables de las tareas a través de la pestaña **Recurso > Recursos.**

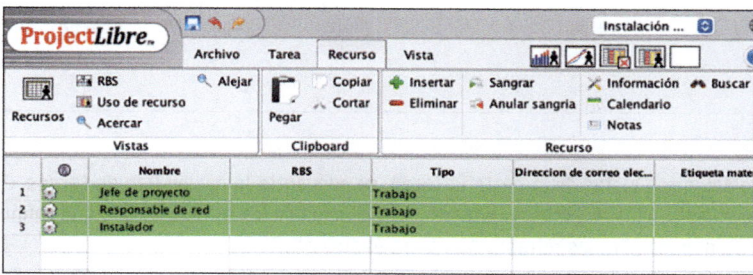

Una vez cumplimentados los responsables del proyecto, ya se pueden introducir las actividades y la duración de cada una de ellas en la ventana situada en el lado izquierdo de la aplicación.

Una ventaja que ofrece esta herramienta es que permite copiar y pegar los datos de la tabla de actividades que se haya realizado anteriormente, lo que mostrará una temporalización de la instalación de la red telemática como la que se muestra a continuación.

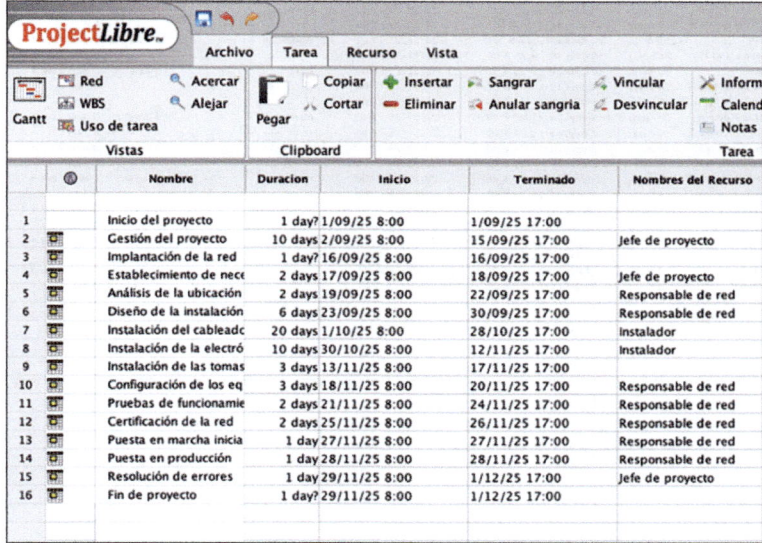

Continúa en página siguiente >>

<< Viene de página anterior

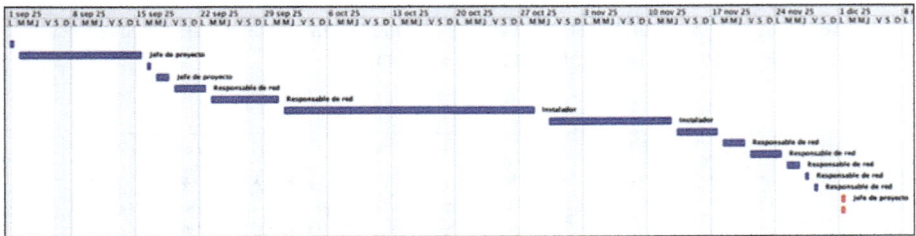

Dentro del grupo **Vistas** de la pestaña **Tarea**, se encuentra la opción **Uso de tareas**, en la que se muestran los recursos asignados y la evolución de los trabajos, pudiendo definir un coste económico para los retrasos que sufra el proyecto.

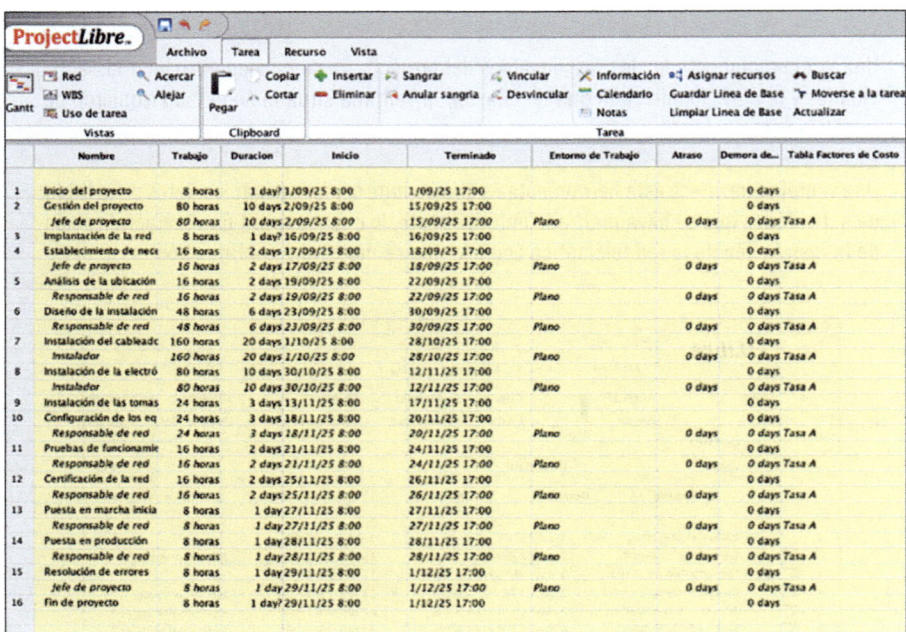

Al igual que sucede con las aplicaciones para la simulación de redes, para la planificación de proyectos se pueden encontrar aplicaciones gratuitas y otras de pago, entre las que destacan:

- Aplicaciones libres:

	GanttProject
		<https://www.ganttproject.biz>
	Gantt Pro
		<https://ganttpro.com/es/>
	iceScrum
		<https://www.icescrum.com/features/>
	Lucidchart
		<https://www.lucidchart.com>
	Miro
		<https://miro.com/es>
	ProjectLibre
		<https://www.projectlibre.com/>
	TeamWork
		<https://www.teamwork.com>
	TaskJuggler
		<https://taskjuggler.org>
	Venngage
		<https://es.venngage.com/features/hacer-diagrama-de-gantt>

- Aplicaciones de pago:

	Asana
		<https://asana.com/es/go/project-management>
	Basekcamp
		<https://basecamp.com>
	JetBrains
		<https://www.jetbrains.com/es-es/youtrack>
	Lighthouse
		<http://lighthouseapp.com/>

Microsoft Project
<https://www.microsoft.com/es-es/microsoft-365/project/project-management-software>

Actividades

3. Realice una tabla comparativa en la que se recojan las ventajas e inconvenientes de las aplicaciones gratuitas y las de pago para la realización de un diagrama de Gantt.

4. Resumen

En el grupo de herramientas de *software* se pueden encontrar los simuladores para realizar pruebas en un entorno similar al de la red real y los emuladores que se utilizan para simular los equipos electrónicos de la red.

Las herramientas de simulación de redes y las de planificación de proyectos pueden ser gratuitas o de pago, aunque ambas funcionan de manera similar. En algún caso se reducen las opciones disponibles.

Una herramienta muy utilizada para la simulación de las instalaciones de redes telemáticas es *Cisco Packet Tracer,* que incorpora información acerca de los equipos propios de Cisco y de otros fabricantes genéricos.

Antes de realizar un diagrama de Gantt se deben definir las actividades de proyecto, la duración y el responsable de llevarlas a cabo.

Ejercicios de repaso y autoevaluación

1. Las herramientas de *software* utilizadas en una red telemática tienen como objetivo...

    a. ... asegurar el correcto funcionamiento de la red.
    b. ... establecer la cantidad mínima de equipos que debe tener la red.
    c. ... definir la inversión que tiene que realizar la empresa.
    d. ... evaluar los costes del proyecto.

2. La herramienta de *software* que simula los equipos de una red es:

    a. El simulador
    b. El emulador
    c. El *router*
    d. El *hub*

3. Las herramientas de simulación pueden catalogarse como...

    a. ... gratuitas o de pago.
    b. ... de aplicaciones y de equipos.
    c. ... generales y específicas.
    d. ... sencillas y complejas.

4. Una herramienta de simulación privativa es:

    a. *GNS3*
    b. *OMNeT ++*
    c. *OMNeST*
    d. *VisualSense*

5. En una herramienta de simulación de redes de carácter general se puede...

    a. ... simular cualquier tipo de red.
    b. ... simular redes solo con los equipos de un determinado fabricante.
    c. ... generar diagramas de Gantt de planificación de tareas.
    d. Todas las opciones son incorrectas.

6. **Una herramienta de simulación gratuita que tiene versión de pago es:**

    a. *GNS3*
    b. *OMNeT ++*
    c. *OMNeST*
    d. *VisualSense*

7. **Cumplimente los huecos que falten:**

    Mediante la _____ de una red _____ se puede _____ si se producen _____ __ _____, _____ _____ en algunos dispositivos, o si existen _____ de _____.

8. **La planificación de proyectos permite...**

    a. ... conocer el desarrollo del proyecto.
    b. ... conocer la planificación del proyecto.
    c. ... definir los puntos de control.
    d. Todas las opciones son correctas.

9. **¿Qué es un diagrama de Gantt?**

    a. Un gráfico para la planificación de protocolos de la red.
    b. Un gráfico para la planificación de tareas.
    c. Un resumen presupuestario.
    d. Una interfaz de la red.

10. **Las actividades que influyen negativamente en la finalización del proyecto son las denominadas...**

    a. ... críticas.
    b. ... hitos.
    c. ... temporales.
    d. ... verticales.

11. **Utilizando las herramientas de simulación de redes se consigue:**

    a. Reducir costes.
    b. Aumentar costes.
    c. Reducir tiempo de implantación.
    d. Aumentar las prestaciones de la red.

12. **Al definir las actividades que integran el proyecto, también se debe establecer...**

    a. ... el coste de cada una de ellas.
    b. ... las fechas de control.
    c. ... las fechas de inicio y final.
    d. ... las personas responsables de su control y cumplimiento.

13. **La herramienta de simulación que comenzó incorporando los equipos propios de un fabricante y que ha incorporado paulatinamente otros equipos genéricos es:**

    a. *OP Manager*
    b. *Microsoft Word*
    c. *MIMIC Simulator Suite*
    d. *Cisco Packet Tracer*

14. **¿Qué herramientas permiten comprobar si los cambios que se pretenden realizar en una red son adecuados o no?**

    a. Las herramientas de control.
    b. Las herramientas de configuración.
    c. Las herramientas de aplicación.
    d. Las herramientas de simulación.

15. **Si usando la aplicación *Cisco Packet Tracer* se desea establecer una configuración específica a un equipo...**

    a. ... solo se puede hacer si se está registrado como proveedor de CISCO System.
    b. ... se debe comprar la ampliación de la aplicación.
    c. ... se debe hacer doble clic sobre el equipo.
    d. No es posible cambiar las configuraciones de los equipos.

Bibliografía

Monografías

▌ BANCAL, D. *et alii: Seguridad informática. Ethical Hacking. Conocer el ataque para una mejor defensa.* Barcelona: Ediciones Eni, 2022.

▌ DORDOIGNE, J.: *Redes informáticas. Nociones fundamentales.* Barcelona: Ediciones ENI, 2022.

▌ GONZÁLEZ Fernández, F. J.: *Manual para una eficiente dirección de proyectos y obras.* Madrid: Editorial Fundación Confemetal, 2014.

▌ GUTIÉRREZ Peñaloza, A.: *Diseño y planificación de proyectos de cableado estructurado.* Madrid: Editorial A&M Electronics, 2018.

▌ HERRERO de Egaña, A., MATILLA García, M. y MUÑOZ Cabanes, A.: *Transmisión de datos y redes de comunicación.* Madrid: McGraw-Hill Interamericana de España, S.L.U., 2020.

▌ HERRERO Pérez, L.: *Hacking ético de redes y comunicaciones.* Madrid: Editorial Ra-Ma Librería y Editorial Microinformática, 2021.

▌ MERCHÁN Gabaldón, F.: *Manual para la dirección integrada de proyectos y obras.* Madrid: Asociación Cultural y Científica Iberoamericana, 2014.

▌ SERPELL Bley, A. y ALARCÓN Cárdenas, L. F.: *Planificación y control de proyectos.* Chile: Editorial AlfaOmega – Ediciones UC, 2019.

▌VALDIVIA Miranda, C.: *Sistemas informáticos y redes locales.* Madrid: Thomson Paraninfo, 2020.

Legislación

▌EN 50346: Tecnologías de la información. Instalación de cableado. Ensayo de cableados instalados

▌ISO/IEC 11801: Tecnología de la información - Cableado genérico para las instalaciones de los clientes

▌Ley 31/1995, de 8 de noviembre, de Prevención de Riesgos Laborales

▌Ley 38/1999, de 5 de noviembre, de Ordenación de la Edificación

▌Ley 54/2003, de 12 de diciembre, de reforma del marco normativo de la prevención de riesgos laborales

▌Ley 9/2014, de 9 de mayo, General de Telecomunicaciones

▌Real Decreto 424/2005, de 15 de abril, por el que se aprueba el reglamento sobre las condiciones para la prestación de servicios de comunicaciones electrónicas, el servicio universal y la protección de los usuarios

▌Real Decreto 842/2002, de 2 de agosto, por el que se aprueba el Reglamento Electrotécnico para Baja Tensión

▌UNE 133100: Infraestructuras para redes de telecomunicaciones

▌UNE-EN 1047: Unidades de almacenamiento de seguridad. Clasificación y métodos de ensayo de resistencia al fuego

▌UNE-EN 12094: Sistemas fijos de lucha contra incendios. Componentes para sistemas de extinción mediante agentes gaseosos

❚ UNE-EN 12259: Sistemas fijos de lucha contra incendios. Componentes para sistemas de rociadores y agua pulverizada

❚ UNE-EN 12825: Pavimentos elevados registrables

❚ UNE-EN 300127 V1.2.1: Cuestiones de Compatibilidad Electromagnética y Espectro Radioeléctrico (ERM). Ensayos de emisiones radiadas de sistemas de telecomunicación físicamente grandes

❚ UNE-EN 300253 V2.1.1: Ingeniería ambiental (EE). Puesta a tierra y toma de masa de los equipos de telecomunicación en los centros de telecomunicaciones

❚ UNE-EN 50085: Sistemas de canales para cables y sistemas de conductos cerrados de sección no circular para instalaciones eléctricas

❚ UNE-EN 50173: Tecnología de la información. Sistemas de cableado genérico

❚ UNE-EN 50173: Tecnología de la información. Sistemas de cableado genérico

❚ UNE-EN 50174: Tecnología de la información. Instalación del cableado

❚ UNE-EN 50290: Cables de comunicación

❚ UNE-EN 50310: Redes de enlace de telecomunicaciones para edificios y otras estructuras

❚ UNE-EN 50310: Redes de enlace de telecomunicaciones para edificios y otras estructuras

❚ UNE-EN 50561: Equipos de comunicación sobre la red eléctrica utilizados en instalaciones de baja tensión. Características de las perturbaciones radioeléctricas. Límites y métodos de medida

❚ UNE-EN 50561: Equipos de comunicación sobre la red eléctrica utilizados en instalaciones de baja tensión. Características de las perturbaciones radioeléctricas. Límites y métodos de medida

▌ UNE-EN 55035: Compatibilidad electromagnética de equipos multimedia. Requisitos de inmunidad

▌ UNE-EN 55035: Compatibilidad electromagnética de equipos multimedia. Requisitos de inmunidad

▌ UNE-EN 60754: Ensayo de los gases desprendidos durante la combustión de materiales procedentes de los cables

▌ UNE-EN 61034: Medida de la densidad de los humos emitidos por cables en combustión bajo condiciones definidas

▌ UNE-EN 61386: Sistemas de tubos para la conducción de cables

▌ UNE-EN 61537: Conducción de cables. Sistemas de bandejas y de bandejas de escalera

▌ UNE-EN IEC 60332: Métodos de ensayo para cables eléctricos y cables de fibra óptica sometidos a condiciones de fuego

▌ UNE-EN IEC 60793: Fibra óptica. Métodos de medición y procedimientos de ensayo. Generalidades y guía

▌ UNE-EN IEC 61000: Compatibilidad electromagnética (CEM)

▌ UNE-HD 627: Cables multiconductores y multipares para instalación en superficie o enterrada

Textos electrónicos, bases de datos y programas informáticos

▌ Apuntes de cableado de fibra óptica, de:
<https://www.c3comunicaciones.es/Documentacion/Cables%20opticos.pdf>.

▌ Cableado estructurado, de:
<http://isa.uniovi.es/docencia/SIGC/pdf/CABLEADO_ESTRUC1.pdf>.

▌ Cableado estructurado, de: <https://guimi.net/monograficos/G-Cableado_estructurado/G-Cableado_estructurado.pdf>.

▌ Cómo sacar el mejor provecho a los informes de comprobación del cableado, de: <https://s3.amazonaws.com/download.flukenetworks.com/Download/Asset/2142515-b-es.pdf>.

▌ Ejemplos de evaluación de proyectos - Guía práctica 2024 con plantillas para principiantes, de: <https://ahaslides.com/es/blog/project-evaluation-examples/?quot;https:/ahaslides_com/features/>.

▌ Guía de elaboración de proyectos, de: <https://www.pluralismoyconvivencia.es/upload/19/71/guia_elaboracion_proyectos_c.pdf>

▌ Guía de gestión de proyectos, de: <https://www.juntadeandalucia.es/servicios/madeja/contenido/subsistemas/ingenieria/gestion-proyectos>.

▌ Guía de la medición de tierra, de: <https://www.chauvin-arnoux.com/sites/default/files/documents/cat_guia_de_medicion_de_tierra_ed2.pdf>.

▌ Manual de cableado estructurado, de:
<https://tabasco.gob.mx/sites/default/files/Cableado-Estructurado.pdf>.
<https://sistest.com.br/site/wp-content/uploads/2016/08/Manual-para-la-solución-de-problemas-de-cableados-de-cobre.pdf>.

▌ Planificación y control de proyectos, de:
<https://www.uv.es/jomaroes/DirProduccion/Tema_11.pdf>.